授業をたのしくする

「ひと」BOOKS

授業 俳句を読む、俳句を作る

青木幹勇

太郎次郎社エディタス

はじめに

ずいぶん長い歳月《としつき》、子どもといっしょに授業をしてきました。昭和のしょっぱなから定年まで、定年がすぎてもう二十年余り、わたしは、いまもって授業に飽いたり、魅力を失ったりしたことはありません。授業に憑《つ》かれた教師を何人か知っていますが、わたしもそうした仲間の一人ではないかと自負しています。

わたしが、東京に出て勤めた東京高等師範学校附属小学校（のちの東京教育大学附属小）で行なった最初の公開授業、きざっぽくいうと、それはわたしの東京初舞台、これが短歌の指導でした。

その後、校内はもちろん、全国各地に招かれ、小学校国語科の全ジャンルにわたって授業をしてきましたが、そのなかで手がけることのとくに多かったのが詩歌です。

詩歌、なかんずく、わたしがもっとも関心を寄せてきたのが俳句でした。戦中・戦後と作句を続け、他方、俳句の指導にもあたってきました。しかし満足のいく授業は、一度もありません。

ところが、ここ数年、わたしは、全国各地の子どもたちが作る子ども俳句に目を覚まされました。そこでまず、これまでの俳句教材を、新鮮にはねている子ども俳句にとりかえました。

作句についても、伝統の写生主義にこだわらず、子規も許容し、奨《すす》めている想像による味つけの表現法を工夫してみました。

そこで、なんと、作句の入門は、物語を手がかりにし、ここから俳句を発想するというのです。その教材として最初にとりあげたのが、子どもたちに好んで読まれる「ごんぎつね」です。

これまでわたしの行なってきた、読む、作るの俳句指導とは大きくちがっていますが、多くの子どもに出会って重ねてきた実験的な授業の成果、その手応えは十分です。

俳句は、これを学び、学ばせるに、言語・文学・教育にわたって、きわめて豊かな価値を内蔵しています。国語教室が、俳句指導にどう取り組むべきか。子ども俳句の火は、国語教室の外に、燃え広がっています。

授業・俳句を読む、俳句を作る　目次

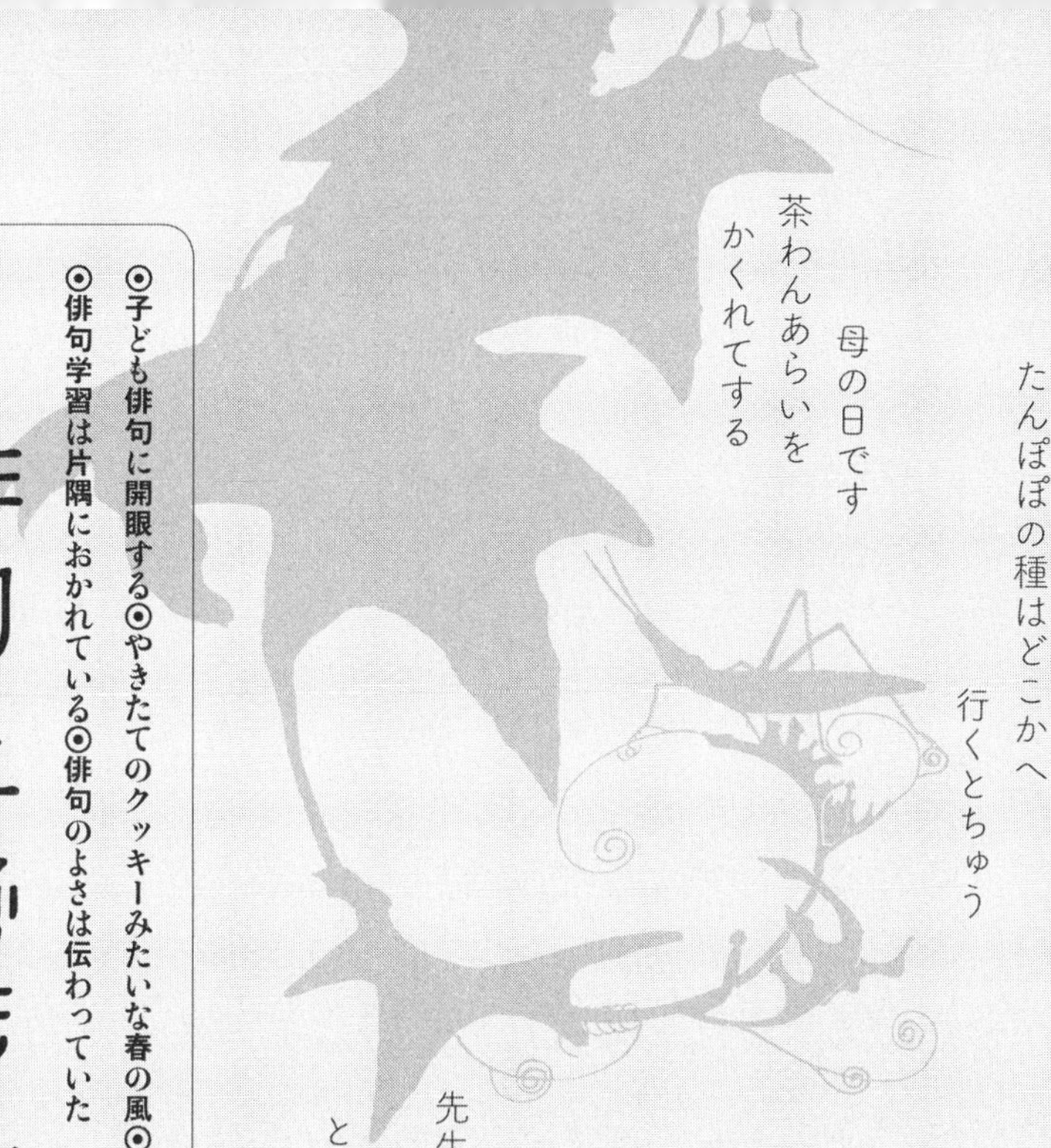

たんぽぽの種はどこかへ
行くとちゅう

母の日です
茶わんあらいを
かくれてする

先生が
たいいんしたよ
とんぼさん

第一章 俳句は子どもの感性を鋭くする

⊙子ども俳句に開眼する⊙やきたてのクッキーみたいな春の風⊙自分にも作れそうだと思わせる⊙俳句学習は片隅におかれている⊙俳句のよさは伝わっていた

子ども俳句に開眼する

もう十年、あるいはそれ以前から、俳句を作ることが広く行なわれていることが話題になっていました。戦前から俳句になじんできたわたしは、俳句界の情報にはなにほどかの関心を寄せていました。しかし、このところの俳句ブームといわれる情況の内容は、わたしの関知するところをはるかに上まわっているようです。

俳句人口の急激な拡大は、女性、それも年輩の主婦層の作句活動によるものといわれています。主婦が余暇をもてるようになったこと、学習に好都合なカルチャーセンターなどの普及、あるいは、手近な生活圏（コミュニティ）に、小さな俳句サークルが生まれてきたことなどが、そのブームの要因でしょうか。

もちろん、その間にマスコミの介在が大きなはたらきをしているでしょう。新聞、雑誌、放送はみな投句を誘い、そこへ手軽に参入できる指導の手を伸ばしています。

女性の作句熱が盛んな一方で、子どもたちの俳句学習も急速に広がってきました。子どもの俳句を募集し、審査し、評価している俳句大会には、なんと、十万、二十万という大量の応募があるそうです。

この子ども俳句隆盛のかげには、もちろん多くの教師たちがいるはずです。しかし、その指導は、いわゆる国語科の授業のなかでというのではなく、そこからはみ出して、もっと大きなスケールのなかで行なわれているようです。

個々の子どもが興味をもって作り、投句しているものもかなりあるでしょう。あるいはまた、学校を挙げて大量に投句しているケースも少なくないようですが、これらとはべつに、もっと大量に作られているところがあるのかもしれません。

子どもが俳句を作っているのをのぞき込んだ親は、面白そうで、案外とユニークだと興味をもち、一緒に俳句を作り出します。

こうして、大人の世界へ俳句をひろがらせたエネルギーを秘めていたのが子ども俳句である、と自負しています。

右は、一茶にゆかりがあるといわれている東京都足立区炎天寺に本部のある、「炎天寺一茶まつり全国小中学生俳句大会」の選者であった、俳句作家・楠本憲吉氏の述懐です。

俳句ブームは国内だけでなく、海外にいる日本人の大人、子どもにも愛好されています。しかもそれは、日本人だけでなく、外国人、その外国人の中心にはプロの作家、詩人もいるようです。かつては、季感・季語などが障害になるなどといわれた国ぐにでも、いまはもうそのようなワクや垣根などさっさととり払われ、乗りこえられています。

話が少し広がりすぎました。子どもの俳句情況にしぼってもう少し考えてみましょう。

たしかに子どもの俳句は、過去にはみなかった盛況をみせているのですが、わたしの周りにいる教師のなかで、クラスの俳句指導、あるいは学校全体の作句活動を推進している者はほんの二、三人です。もちろん、教科書に載せられている教材を読んだり、書いたり、わからせたりの指導はいちおうどの教師もしているでしょうが、作句の指導から作品応募の世話まで、手を広げている教師は、子ども俳句が盛んになったといっても寥々《りょうりょう》たるものではないでしょうか。

わたし自身は、戦中・戦後ずっと作句を続けてはいましたが、これを積極的に国語科の指導にもちこむことには消極的でした。理由は、それを国語教室のものとする確信がもてなかったからです。確信とは何か。俳句が、言語の理解と表現にどのような価値をもつかです。

このもやもやを一気に払拭してくれたのが、子ども俳句の盛況です。うかつにも、わたしが、この情報に関心をもったのは、かなりおくれていました。

やきたてのクッキーみたいな春の風

子ども俳句の盛況といっても、具体的に、その状況を見たわけではありません。わたしを子ども俳句の世界に引きこんでくれたのは、次に掲げる二つの句集です。

『俳句の国の天使たち』（日本航空広報部編）

『句集　ちいさな一茶たち』（楠本憲吉・炎天寺編）

『俳句の国の天使たち』は全ページの半分が、子どもの写真（カラーと一部モノクロ）と、何ページかの切り絵、そして、各ページに一句ないし二句、小中学生の俳句（片隅にこの句の英訳）が挿入されています。

登載されている句は、水野あきら氏の選ばれたものだそうですが、これが粒選りの秀句です。わたしは、この句集を何回となく読みました。そして、ひじょうに強い衝撃を受けました。それはまさにわたしの子ども俳句開眼だったのです。読んでいるうちに、これまでもっていた、子ども俳句の理解を大きく変えさせられました。

これまでの子ども俳句はたいてい、大人の俳句を下敷きにしたものか、子どもっぽいものの見方や、舌足らずの表現でした。しかし、これはこれで、独自のよさがあり、それだけに一つの存在価値をもっていると思って受けとめてきました。

ところが、『俳句の国の天使たち』には、次のような作品がずらりと並んでいるのです。

やきたてのクッキーみたいな春の風　小四　佐々木千里

たんぽぽの種はどこかへ行くとちゅう　小五　石井博

空ぶりのバットのむこうにいわし雲　小四　松田京平

とりあげればきりがありませんが、ここには、もう大人の真似、稚拙さを売り物にするような句はほとんどありません。子どもの目でとらえ、子ども特有の感性と発想による文字どおりの子どもの俳句が作られています。

このような作品にふれているうちにわたしにも、俄然、指導意欲が湧いてきました。こういう俳句を教材にすれば、子どもはかならずのってくる。そんな期待がわたしをつき動かします。先に述べたもやもやが一気に拭《ぬぐ》われて、「子どもの育つ国語教室」は、俳句によっても拓《ひら》けるという歓喜のようなものが湧いてきました。

子ども俳句も歴史を重ねてきました。たいそう評判になった作品もいくつかあります。

天国はもう秋ですかお父さん

小五　塚原彩

この句を子どもたちに読ませると一瞬はっと驚き、「はあ、そうなのか」と、一種の感慨をたたえた静かな顔に変わります。子どもたち何人かに解釈をさせてみたり、わたしが補説をしたりしていると、そっと涙ぐんでくる子もおりました。

天国に行った父親は、たぶん急死だろう、だとすると交通事故かな、まだ男ざかりだったにちがいない。そんな平凡な思惑が浮かんできます。

一昨年のいつごろだったか、何気なくテレビにスイッチを入れると、草柳大蔵氏が画面に出ていて、なんと、この俳句をとりあげて話しているのです。おやと思って見ていると、氏は、この俳句の作者に電話をして、父親の死因をたずねたそうです。ところが、わたしの憶測した交通事故ではなく、(聞きとりは確かではありませんが)心臓に関係した病気だったようでした。わたしはこの句に対する草柳氏の関心の強さに驚きましたが、この句については、すでに『句集　ちいさな一茶たち』のなかに、

楠本憲吉氏が、

この句の作者に私は会いたいと思います。このきびしい美しさのある句を作った子に脱帽します。

「うつくしい」ということには二種あって、一つは「美しい」という美的うつくしさ、もう一つは厳しさの美「厳《うつく》しい」です。この厳しさの美を創る鍛練が大切なのです。

と書かれています。『句集　ちいさな一茶たち』のなかには、もうひとつ評判になった句がとりあげられています。

さそり座の尾の一げきに流れ星

中二　村上克美

楠本氏もメンバーの一人であった「男の井戸端合議・五人の会」（扇谷正造、草柳大蔵、楠本各氏ほか二人）、この五人で書いた『花も嵐も踏みこえて』という本のなかにある座談の記事に、こんな一節があるそうです。

扇谷氏の「いつか楠本さんから聞いた『さそり座の尾の一げきに流れ星』、あの俳句にはびっくりしましたね」という発言に楠本氏が、話を合わせて、こんなことをいっています。

「（子どもたちの作品を）たくさん見ていまして、ハッと目を見張る思いをしたのが『さそり座の尾の一げきに流れ星』。これは中学校二年生の子の句です。僕はあまりうますぎるので怖かった。お父さん、お母さんの代作か、あるいは盗作かもしれぬと思って電話したんです。そしたら、これはアニメなんです。テレビの場面が変わると、さそり座がさそりになる。それがピンと尾をはねたら星を一つはねて、それがビューッと落ちていって流れ星になったというんですね」

このいきさつを聞いて、草柳氏が、「でもよかったなあ。テレビという媒体がなくて、その子が本当に夏の夜空を見てつくったんだったら、脅威だよ」と、ホッとされていましたし、楠本氏は「もうこっちはお手上げですよ」。草柳氏も「もう物書きはやめるよ（笑）」と感嘆しています。

楠本氏は、二十何年も、子どもの俳句の評価にあたってきているそうですから、子ども俳句についての理解がひじょうに深く、豊富な話題の持ち主でしたが、先年なくなられました。

おしまいに、新聞のとりあげた、子ども俳句の秀作を並べてみましょう。

さんかん日うしろにかあさんいいにおい　小一　すぎおかしんぺい

でかせぎに父いく日には本高く読み　小三　安田宏光

麦の秋家中まどを開けて留守　小六　田中正範

あじさいの庭まで泣きにいきました　小六　惣田美由紀

ふくらんだカーテンの中夏たまる　中二　吉野輝彦

以上五句、読売新聞一九九〇年五月十日「編集手帳」に引用。

たけのこよ／ぼくもギブスが／とれるんだ　小二　畑上洋平

君のきれいな目から／ひとつぶひとつぶ／真珠が落ちる　メキシコ・男・10歳

秋風がそっと／雁をせき立て／巣へもどらせている　フランス・女・12歳

右三句は、『地球歳時記'90』所収。一句目は大岡信氏が朝日新聞・九一年五月十六日「折々のうた」で、他二句は、九〇年八月十八日「天声人語」で紹介。

自分にも作れそうだと思わせる

先生がたいいんしたよとんぼさん

赤ちゃんがよくわらうなあ春の風

母の日です茶わんあらいをかくれてする

こういう作品を読むと、このような心境にいる子どもたちが、無性に美しく感じられてきます。尊くさえ見えてきます。

これまでの俳句指導では、教科書に載せられた、古典俳句、近代の名句などを教材にしてきました。しかし、それが俳句として客観的評価は高いものであっても、子どもたちにはしっくりと理解されるものではなかったといえそうです。結局は、教師の解釈を押しつけるような授業になりました。それはそれで、無意味ではなかったでしょう。

ところが、ここへきて右のような子どもの作品が教材として使えるようになると、状況は一変してきます。

❶—作品のモチーフがよくわかります。
❷—作者の生活感情に共感がもてます。
❸—わたしにも作れそうだなという親近感がもたれてきます。
❹—作品を読む・作る指導に生かす手だてが見えてきます。

つまり、これらの俳句が、子どもを読むことへ、作ることへ動かす。触発してくれるのです。いや、子どもたちより教師です。

❶—この俳句なら、きっと子どもたちにわかる。
❷—おもしろそうだと感じさせることができる。
❸—作ることへ誘いこむことも、そうむずかしくはなさそうだ。
❹—俳句学習にからませて、他のことばの学習ももくろめる。
❺—とにかく、授業へもちこんでみたい。

教師も、このような作品に惹《ひ》かれます。いうまでもなく、すぐれた俳句、評判の高い俳句が、かならずしもすぐれた教材とはいえないこともありますが。

長年、俳句に親しんできたわたしは、このような子どもたちの作品を読んで、これを自分の手で授業へのせてみたい。授業にのせる、つまり、教材として生かそうとすれば、あれやこれやの方法が案出されそうな気がしてきました。

数多い授業者たちのなかには、俳句は古い、老人や暇な人の慰みものだと思っている人がいないとはいえますまい。いやもう、そんな人はいないかもしれません。しかし、俳句という文芸に学ぶことが、国語科の学習にとってどういうメリットをもっているか。俳句だからこそ、こんな指導が可能であり、効果的であるということがいわれるか。そのような点になると、まだ問題はあるでしょう。まして、国語教室での授業の構成や、効率のいい俳句の指導法など、今後にのこされた課題はたくさんあると思います。したがって、物語とか、説明的な教材、自由詩などの指導に比べると、俳句は依然、授業の片隅におかれることになりかねません。

わたしは、ここで、これをしっかりと国語教室に定着させるために、あらためて、これが俳句の学習(指導)価値だと思われるものを書きならべてみました。

❶—俳句は短い。俳句にはリズムがある。これが、読みやすさ、覚えやすさ、そして、暗誦《あんしょう》にもつながる。

❷—俳句は短くて、読みやすいが、句意をとらえることは、かならずしも容易ではない。この抵抗も一つのメリット。

❸—俳句は詩である。俳句を読むこと、作ることによって詩感を養い、詩心《うたごころ》を育てることができる。

❹—俳句表現には、ことばの省略、文脈の屈折が多い。これを理解や表現につなぐことができる。

❺—俳句の表現には、諸種の比喩や飛躍が多く用いられている。

❻—季語の理解と使用を契機に、季節と季節の動き、季節の動きから季感へと、関心を広げることができる。

❼―句の意味を理解したり趣を感じとったりするために、想像をはたらかせ、連想をあしらって読むことが要求される。

❽―短詩型であること、季語その他の制約があるために、語を選び、省略をする。それが表現の飛躍や屈折につながるなど、散文では学びにくいレトリックを学ぶことになる。

❾―理解や表現に即し、言語感覚を具体的に養うことができる。

❿―俳句を作ることがきっかけになり、作文に不得意な子どもも、書けるようになる。俳句をたしなむ主婦が随筆を書くようになる例は少なくない。

右の十項目にはいくつか重なったところがあります。また、このように並べると、俳句の肩をもちすぎているというそしりを浴びせられるかもしれません。

なかには、物語や説明的な教材に比べると、なんとなく、つかまえどころがなくて……と、感じられる教師も少なくないかもしれません。限られた国語科の持ち時間は、現在すでに限界にきている、とても俳句に割く時間はない、といわれる人もいるでしょう。

このように俳句への理解が浅く、どちらかというと、軽視、敬遠の教室では、依然として、俳句は日陰におき忘れられていきそうです。

いうまでもなく、俳句は詩です。そして、それが子どもも作れる詩であることは、十分実証ずみです。俳句には関心の薄い教師のなかにも、いわゆる自由詩の指導を手がけた教師はたくさんいると思います。詩の学習として両者の共通するところは少なくありません。

作文指導の強化が、これまでにないほど強調されています。俳句はいうまでもなく作文です。短作文です。俳句から散文表現への移行など、これも、作文指導の新しい志向かもしれません。

俳句は、短いけれども、ひじょうに多彩な、そして、奥の深い学習内容を内蔵しています。作文の価値は、作られたものの長短では決まりません。俳句という表現形式には、森羅万象、喜怒哀楽、どんな内容でも盛りこむことができます。俳句は、古い、むかしのものだ、年寄りの手なぐさみなどと、考えている教師がいたら、その人こそ古い、むかし人間です。

国語の教科書の多くは、俳句を六年生の教材としていますが、俳句は、どの子でも作れます。幼稚園児だって、けっこういい作品をみせてくれています。

さあ、書くぞ、作るぞ、と構えなくても、いつでも、どこでも、作れます。

教師にとって、俳句作品の評価や処理にはさほど手間がかかりません。子どもたちの手によって、個人の句集、クラスの句集をまとめることも、手軽にできることではないでしょうか。

俳句学習は片隅におかれている

俳句ブームの仲間入りはとにかくとして、国語科の学習内容として俳句をとりあげることは、戦前から行なわれています。したがって俳句教材も、国定教科書時代から用意されてきました。

昭和八年から行なわれた『小学国語読本』、いわゆる「サクラ読本」の第十二巻には、次のような作品がとりあげられています。

雪残る頂一つ国ざかひ　子規

菜の花や小学校のひるげ時

柿くへば鐘が鳴るなり法隆寺

犬が来て水のむ音の夜寒かな

夕月や納屋もうまやも梅の影　鳴雪

矢車に朝風強きのぼりかな

夏山の大木倒すこだまかな

かつて、俳句教材といえば、なんといっても、芭蕉、蕪村、一茶の古典作品が幅をきかせていましたが、右のように、子規、鳴雪の作品をとりあげたことは、俳句を子どもの理解に近づけようとする、近代俳句の選択だったといえるでしょう。

この後、戦後になって編集された、国定最後の教科書「こくご」「国語」の四年生用・下にはじめて、子ども俳句作品が載せられました。これは、この教科書の編集責任者であった石森延男氏の発案によるもので、そのとき石森氏の委嘱を受けて、子ども俳句の選択にあたったのが、石井庄司、花田哲幸、荻原井泉水、中村草田男各氏だったそうです。

右の教科書には、子どもの俳句が二十句ほど掲載されていますが、そのなかから七句をとりだしてみました。

かあさんがぼんやりみえるかやの中

こがらしや子ぶたのはなもかわきけり

すみきったボールの音や秋の風

秋風にプールの水がゆれている

二重にじ青田の上にうすれゆく

朝つゆの中に自轉車のりいれぬ

持ちかえしせんこう花火のゆれている

教材としての適否はとにかくとして、子どもの作った俳句が教科書に登場したのは、これがはじめてだといえるでしょう。

右の国定教科書を最後に、教科書は民間検定教科書になりました。民間検定教科書になっても、俳句教材はずっと載りつづけてきました。ところで、その民間教科書のなかで、教材はどのように処遇されているか、過去はとにかくとして、現在使われている三社のそれを見ますと、

❶—すべてが、六年生の前期に学習される配置になっています。

❷—その教材は、短歌、さらには、自由詩と抱きあわせの単元になっているところなど、各社、似たりよったりです。

❸—それらの単元で、どんな俳句がとりあげられているか。やはり芭蕉と蕪村はどの教科書にも顔を出しています。

❹—これまでかならず登場していた子規のほかに、子どもたちにも、なんとかなじめると思われる、現代の著名な作品が、五、六句掲出されてきました。

とかく、いまなお俳句に関しては、保守的だと思われる教科書の編集は、まだどこも、子どもの俳句はとりあげていないようです。憶測するところ、教科書教材としての評価が定まっていないというのが理由でしょう。

教科書は、右のような作家の作品をとりあげ、まず、その句意を解説しています。教科書によっては季語、定型、文語表現などにふれているものもありますが、教材としてとりあげている意図は、もっぱら俳句の理解におかれていて、俳句を作るという学習への志向をみせているものはほとんどあ

りません。

そのように、教科書という側面からみると、ここでも目下のところ俳句は、国語科指導の片隅におかれた影の薄い存在ということになっています。

教科書がこのような状況であることも、要因の一つでしょう。まだまだ俳句の学習が、子どもにとっては特殊なもの、さほど積極的に学ばせなくても、という意識は拭われていないようです。子どもにとって俳句も作文であり、詩を作ることと一連の学習であるとすれば、その切り替えが求められます。

世間一般では、幼稚園の子どもでさえ、どんどん作っているというのに、多くの国語教室では六年生、それも、俳句を読むという学習にとどまって、作るというところに手を伸ばしているクラスは、限られた一部の教室ということでしょう。

俳句はブームだといわれるのに、国語科における俳句指導の一般的現状は、右のようにとらえることができると思います。

このような教科書教材をどのようなねらいで指導したか、これもわたしの憶測ですが、一般的には第一に、句の解釈、つまり、どういうことが詠《よ》まれているか、それをわからせること、そして、それに加えて定型と季語などのことなどがとりあげられたかと思います。

しかし、俳句は、小学校はもちろん中学でも、すでに何度も述べてきたように、国語科指導の傍系におかれていました。俳句が、わが国の庶民的な文芸ではあっても、それはもっぱら大人のものとしてあるので、子どもの学習対象としては、十分に認められていなかったことは事実です。

古池や蛙とびこむ水のをと

菜の花や月ハ東に日ハ西に

というようなよく知られた作品であっても、それがわかるためには、大なり小なり体験的な理解が必要です。そうでないと、表現されている情景、あるいは、表現の内側に漂っている句の趣といったところまでは、よくわからないはずです。理解するといっても結局は、教師の解釈を聞かされることが中心なので、子どもにとってさほどおもしろい学習にはなりにくいのです。それならといって、

雀の子そこのけそこのけお馬が通る

痩せ蛙負けるな一茶是《これ》にあり

のような句がとりあげられることもありましたが、はたしてこれらが、俳句を学びはじめる子どもたちにとって好ましい教材となり得るかどうか。俳句指導にとっても、どんな教材を用意するか、その発掘や選択は重要な課題です。前述のような俳句指導の不振は、第一にこの教材に問題があったともいえるでしょう。

俳句のよさは伝わっていた

わたしは、子どものころから、俳句になじめる家庭環境に育ちました。しかし、作ったことはほとんどありません。そこに俳句があり、家に集まる人びとの俳句話もしばしば耳にしましたが、それらのことが、わたしの詩心、俳句への関心を触発する教材性をもっていなかったのです。しかし、門前の小僧で、俳句の理解は、たんなる注釈を聞いたり読んだりするのとはちがった経験になっていたかもしれません。

わたしが本気で作句に取り組んだのは、あの戦争の末期、大勢の子どもたちと雪の越後で暮らした集団疎開の一年でした。

その後、四十幾年、ときに中断したこともありましたが、なんとか作りつづけてきました。はじめは、卒業する子どもたちへの餞《はなむけ》として三年ごとに作った句集が三冊、その後、十年あまりへだてて第四句集ができています。

ある小さな句会に参加していましたところ、どうしても引き受けざるをえない事情になり、いまは、その句会のまとめ役もさせられています。

こうして俳句とのつながりは生涯ついてまわりました。戦前・戦中も、教科書教材の指導をきっかけに、たびたび作句指導に手をつけたこともあります。いまはもう還暦にとどこうとする教え子たちのなかには、それをよく覚えている子どももいます。

詩人の芥川賞といわれるH氏賞を受賞している石川逸子さんは、『十代にどんな教師に出合ったか』（未来社編集部編、未来社刊）という本のなかで書いています。

青木先生はまた、私たちに、和歌を作らせ、俳句を作らせた。何首でも一週間ごとに自由に提出させ、優れたものをプリントし、授業で取り上げた。私はたちまち和歌を作り、俳句作りに熱中していった。学校の往き帰りまで頭はそのことで占められ、これまで漫然と眺めていた風景が作歌の対象のなかで、新しいものとして見えてくるのに驚いた。「夕げの煙冬の雨に消えていく」そんな破調の俳句を作って、「これはいい」授業のなかで賞められるとただもう嬉しく、一首でも多くプリントで取り上げられたいと励むのだった。

石川さんは、昭和十七年、わたしが上京して最初に担任した四年生のクラスにいました。右の文章は、短歌・俳句の学習を中心に書いたものではありません。わたしの担任するまえには、学習にも行動にも、活気のない消極的な子どもだったようです。いや、そう思いこんで萎縮していたらしい石川さんが、わたしとの生活の二年目あたりから、学習に目覚めてくる過程を書いたものです。が、少しオーバーにいえば、その学習開眼のきっかけになったのが、国語科での表現の学習だったというのです。

石川さんは、その記憶を詳しく書いていますが、遠いむかしのことですから、どんな指導をしたか、わたしはほとんど覚えていません。

石川さんたちを担任するまえ、宮崎時代に受けもった教え子のなかにも一人、現在、宇部市に住み、そこでご主人と二人で短歌雑誌『あらつち』を編集し、短歌の指導をしている吉武久美子さんという主婦がいます。石川さんより、二、三歳年上でしょうか。吉武さんも小学校の五、六年生時代、わたしから詩や短歌・俳句などの指導を受けたのが、今日につながっていると、歌集『幼な髪』(日本現代歌人叢書)に書いています。

吉武さんは元の姓を日野といいました。彼女が文集にのこしている「吾家の歴史」によると、日野家はなかなかの名門です。父君は宮崎大学の前身、宮崎高等農林の教授でした。植物学の大家で、宮崎の観光名所の一つになっている「青島」の熱帯植物群その他を克明に調べられたことは有名です。

わたしの担任したクラスは、五年生で男女に分けたので、女の子ばかりの十六名でした。当時のことを思い出すには格好な文集「南の窓」がのこっています。昭和十四年秋、戦火が中国に広がっている時代でした。

ガリ版刷りで百五十ページ、「よくもまあ!」と驚くほどていねいな手書きの文字です。かなり多彩な編集ですが、巻末には火野葦平の「土と兵隊」の抜粋を載せてあるのにはちょっと驚きました。「頑張り屋さん」、これがあのころの日野久美子さんの記憶です。現在の吉武さんとは緊密につながりませんが、文集に載せてある短いものを一、二、引きだしてみましょう。

母のあむ毛糸を見ても秋はきた。

朝露にはねをぬらしたとんぼがとまっている。

ここに掲げるのは、いささか場ちがいの感なきにしもあらずですが、彼女の歌集『幼な髪』から何首かを引用させてもらいましょう。

まず、連作「夢殿」から二首。

仰ぎ見れば今しも歩みきますがに仏は足を進め立ちます

香に灼け黒ずむ天平の如来仏もの言ひたげに口むすびゐる

短歌文学賞受賞作のなかから、

赤錆びし回天魚雷に雨うちて散りくる桜の花びらの付く

万感は言葉にならずと出撃の遺書は短く母に宛てあり

吉武さんは、ご父君のご他界後、遺作を整理して歌集『群竹』出版の親孝行をされました。

この時代にも、かなり熱心に作文指導をしましたが、それが今日の吉武さんにつながっているとは思えません。右、石川、吉武の二人は、そもそも詩的表現能力に恵まれていたのでしょう。わたしにできることがあったとすれば、たまたまわたしが、その才能に小さな火をともす点火の役回りだったのだと思います。

この人たちに、短歌や俳句を指導した青年時代のわたしは、これという指導の体系、これならという俳句・短歌の指導方法をもっていたわけではありません。教材にしても、教科書教材をどう理解させるかという授業が中心で、作歌・作句、つまり表現への展開は付録だったのだと思います。

戦後になっても、短歌・俳句の指導はしばしば行なってきました。そのなかには中学生の指導もありますが、そのころまではまだなにひとつ新しい俳句指導の発想は見出されず、たいていは、未熟であり、不徹底の授業だったと思います。

その原因はいくつか考えられます。なかでも、

❶—教材の大部分が古典俳句だったので、わたしの指導意欲にも欠けるところがあり、また子どもの関心にアピールさせるだけの指導力ももっていなかったこと。

❷—定型、季語、文語表現などにこだわったこと。

❸—作ることへの、これといった指導法が手にはいっていなかったこと。

などをあげることができると思います。

子どもにとって、俳句は古くさい、よさがわからない、約束ごとなどがめんどうだ、というような声なき声があったのではないでしょうか。

赤ちゃんが
よくわらうなあ
春の風

空ぶりのバットのむこうにいわし雲

でかせぎに
父いく日には
本高く読み

第二章

俳句を読む

◉抵抗感をもたせない◉子どもの作品で詩心《うたごころ》をゆさぶる◉どのように句意を理解させていくか

◉俳句指導（読むこと）の一時間の授業展開と指導案

抵抗感をもたせない

俳句の指導も、読むことと、作ることに分けられますが、この場合できることなら、この両方を一体的に指導するのが望ましいと思います。学習に慣れてくれば、短い時間を活用したり、家庭での学習に広げるなどということも、自然にできるでしょう。

ここでは、対象を五、六年生、俳句を初めて学ぶ子どもたちという設定で、作品を読む指導を書いてみようと思います。ここに述べるような指導は、もう十回ほど実験してみました。そこで、こんなやり方ではどうだろうか、ひとつ提案をしてみようというわけです。

指導のねらいとして、つぎの三点をあげることができます。

❶—俳句という短詩型の表現になじむ。

❷—表現に即し、句意の理解ができるようになる。

❸—表現に即し、想像を広げ、イメージを描いて理解する。

［俳句表現のいろいろな約束ごと(定型、季語、文語表現など)をとくにとりあげての指導には深入りしない。おりにふれ、軽く扱いながら理解を深めていく。］

問題になるのは、俳句表現に内在する季語、五・七・五の定型、文語調の文脈などですが、従来、俳句指導といえば、このような約束ごとをわからせることを重点にしてきたきらいがあります。このことは俳句理解には欠かせないことではありますが、そのような内容の指導を、急いだり、過大に重要視したりすることは、俳句は、小むずかしいもの、やっかいなものという抵抗感をもたせることになって、望ましいことではないと思います。

子どもの場合、俳句を広く詩の視野に入れていけば、無季であること、字余りや、一、二音節欠けていること、口語表現も問題にしなくていいのです。読んだり作ったりする経験を多くしていけば、子どもの言語感覚が育ってきて、あんがい早く俳句らしく整った表現を求めていくようになってきます。

子どもの作品で詩心《うたごころ》をゆさぶる

俳句の指導でも、教材がひじょうに大きな役割を担っています。すでに何度か述べましたように、これまでの俳句指導の低迷は、教材に適切なものがなかったことに、原因の大半があったといえそうです。

いわゆる名句・秀句、それをあげればいくらでもあるでしょう。これまでは、それを古典に求めました。戦後は、芭蕉、蕪村、一茶だけでなく、子規以後、現代俳人のものもとりあげられてきました。これはこれで、教材選択の前進であったでしょうが、わたしは、やはり多くの子どもたちに、ぼくにもできそうだと感じられ、子どもの詩心をゆさぶる作品、子ども独自の発想・着眼・表現による作品を教材にしたいと考えます。これは、童話や説明文などとはちがう教材選択だといえるでしょう。

古典や、近代の名作にそっぽをむくわけではありませんが、それは中学・高校でとりあげてもおそくないと思います。

子どもの作品を集めた句集はたくさん出版されています。探せばかなりたくさんあるでしょう。わたしが、たびたび活用するのは、

❶『俳句の国の天使たち――こども地球歳時記』（日本航空広報部編）
❷『ハイク・ブック――世界のこども俳句館』（日本航空広報部編）
❸『句集　ちいさな一茶たち――全国小・中学生俳句大会の25年』（楠本憲吉・炎天寺編）
❹『子ども俳句歳時記』（金子兜太・澤木欣一監修）
❺『小・中学生の俳句』（水野あきら著）

などです。それぞれに特色がありますが、まず一冊ということになると、❹の『子ども俳句歳時記』はどうでしょう。季節はもちろん、学校行事、生活暦的な分類がしてありますから便利だと思います。

子どもに対する子ども俳句の紹介は、プリントにする、板書にする、掲示用のパネルにする、などの方法がありますが、初期のころは、何回でも使えるパネルにしておきます。もちろん板書することもあり、子どもにはノートさせて、なじませていきます。

ところで、その表記ですが、わたしはそれを左のように三行書きにします。

かいすいよく
すなやまかいがら
すいかわり

一年　なぐもなづき

このように書くと、句の構成、語のはたらき、語と語のつながりや、切れなどが、はっきりとらえられます。この表記は、初心者にとって読む、作る、のどちらにも好都合ではないでしょうか。
石川啄木が、自作の短歌を三行書きにしていることは、だれもが知っていることです。当時としてはずいぶん画期的なことだったでしょう。彼が、この三行書きに踏みきったことについて、次のようなことを述べています。

凡そすべての事は、それが我々にとつて不便をかんじさせるやうになつて来た時、我々はその不便な点に対して遠慮なく改造を試みるが可《い》い。またさうするのが本当だ。我々は他《ひと》の為に生きてゐるのではない。我々は自身の為に生きてゐるのだ。

たとへば歌にしてもさうである。我々は既に一首の歌を一行に書き下すことに或不便、或不自然を感じて来た。其処でこれは歌それぞれの調子に依つて或歌は二行に或歌は三行に書くことにすれば可い。よしそれが歌の調子そのものを破ると言はれるにしてからが、その在来の調子それ自身が我々の感情にしつくりそぐはなくなつて来たのであれば、何も遠慮する必要がないのだ。

三十一文字といふ制限が不便な場合にはどしどし字あまりもやるべきである。又歌ふべき内容にしても、これは歌らしくないとか歌にならないとかいふ勝手な拘束を罷《や》めてしまつて、何に限らず歌ひたいと思つた事は歌へば可い。かうしてさへ行けば、忙しい生活の間に心に浮んでは消えてゆく刹那刹那の感じを愛惜する心が人間にある限り、歌といふものは滅びない。仮に現在の三十一文字が四十一文字になり、五十一文字になるにしても、兎に角歌といふものは滅びない。さうして我々はそれに依つて、その刹那々々の生命を愛惜する心を満足させることが出来る。

（『石川啄木全集』第十巻所収、岩波書店、一九六一年）

啄木はこのような考えでさほど躊躇《ちゅうちょ》することなく、三行書きにしていますし、『悲しき玩具』の後半では、この三行に高低をつけたりもしています。

しかし、この表記改革がすんなりと世間にみとめられたわけではありません。少々脱線することになりますが、ここに、北原白秋の反論を掲げてみましょう。

日本の歌は行をわけぬのがほんたうでないかと、わたくしには思はれる。（中略）これを昔のやうに上の句と下の句と分けるのはただ習慣の上から来たもので、本質的のものではない。啄木は凡てを三行としたが、これも新規を目安に置いたので、本来が不自然のものであつた。そのリズムの上には相当の考慮が費されたとは思はない。

どうかすると、行分けの上から、ある新鮮味は生ずるが、それはまた眼の感覚を刺戟するだけであつて、質の新鮮でない場合が多い。質に於て新鮮であれば、相の上はどうあらうと、決して旧しとは心に観ぜられないであらう。

また、ともすると、歌としての瑕疵や未熟が、行わけにすると目立たずに済むこともある。ここに人は胡麻化される。若しさうなれば卑怯手段と云はれても弁解の辞があるまい。

歌を一行に書き下すことは、あまりその句と句の間が微妙であり過ぎるからである。行わけにするにはあまり勿体ない。これは日本の歌の美徳だとさへほれぼれさせられる。その小休止の味ひは行わけにすると忽ち消えて了ふ。さう離れたものでないからである。その大休止は別行にする以上に深い。

人間の溜息に行わけはない。

日本の歌には句と句、語と語の間に陰があり、香気がからみ、音律が即かず離れず漂うてゐる。この融合を、この微妙相をどうしてほしひままに、はつきりと分けられやう。

おそらく俳句とてもさうであらう。

（『北原白秋全集』第十七巻所収、岩波書店、一九八五年）


すぐれた詩人・歌人であり、ことばの魔術師などといわれた白秋です。短歌の行分けを否定する理由をいいつくしているといえるでしょう。

白秋の否定は、日本語、さらには短歌表現のもつ本質を根拠にしているのに対し、啄木の行分けは、作者の表現意図によって自由であるべきではないかという、どちらかというと、単純なわりきり方で行なわれているようです。そして、これが読み手にも、すんなりと受け入れられてきたといえるでしょう。白秋のきびしい批判はありましたが、啄木の短歌が、今日もなお広く愛誦されているのは、歌そのもののもつ魅力はもちろん、この三行書きによって、理解しやすく、琴線にもふれやすいという効果をもたらしているからではないでしょうか。

どのように句意を理解させていくか

わたしにいまできる授業は、どこかの学校の招きにより、だれかのクラスで、初対面の子どもたちと行なう授業です。これでもけっこう、授業は成り立ちます。

さて、そんな条件のなかでの、一時間の俳句指導(読む)をどのように展開していくか。それを、書いてみましょう(40ページの指導案参照)。

子どもに知っている俳句を聞く

はじめに、子どもたちのすでに知っている俳句を探ってみます。

これは、子どもを俳句へ近づけようとする試みです。いきなり挙手をさせて何人かの子どもの口頭発表ということにはせず、各自のノートに既知の句を書いてもらいます。五、六年生にもなれば、たいていの子は、うろ覚えの一、二句はもっているはずです。それが日本の子どもなのです。もちろん、一句も書けない子もいるでしょうが、それを気にすることのないように配慮します。時間は、一分か二分。書けたところで、何人かに発表してもらいます。記憶の不完全なのは、教師が補っていきます。これまで子どもたちがよくとりあげたのは、

古池や蛙とびこむ水のをと

菜の花や月ハ東に日ハ西に

雀の子そこのけそこのけお馬が通る

など、やはり古典作品をもちだすことが多かったようですが、教科書で学んだもの、その他いつのまにか耳の底に聞きとめているものでしょう。なにはともあれ、一句でも覚えている子はほめてやります。いきなり、知っている俳句を書くということで、ちょっと緊張したでしょう。ここで一息入れさせます。

子ども俳句ブームについて話す

この一息の時間に、このごろの俳句ブームの話をします。

およそ子どもとは無縁だった俳句が、十万、二十万という大勢の子どもたちによって作られ、いく

第六学年国語科・学習指導略案

一九九〇年十一月十七日
盛岡市立桜城小学校
指導・青木幹勇

一、主題　俳句作品を読む。

二、教材　子どもの俳句作品、その他。出典『俳句の国の天使たち』など。

三、目標
❶俳句という短詩型の表現になじむ。
❷表現に即し、句意の理解ができる。
❸表現に即し、想像を広げ、イメージを描いて読む。

四、授業について
❶初対面の子どもたちとの授業である。期待も大きいが、不安も伴う。子どもたち全員がのびのびと学習できるよう配慮する。
❷俳句表現についてのいろいろな約束ごと(有季・定型など)の指導には深入りしない。
❸読みとったこと(理解、想像)を書いてみる。
❹作るところまでの指導は無理だが、少しふれてみる。

俳句の指導

❶これまでたびたび俳句の指導をしてきたが、満足のいく成果は得られなかった。
＊指導内容の中心が、大人の俳句の理解（句解や、きまり)であった。
＊教材がほとんど古典、もしくは近・現代の名作であった。

❷最近、子どもの作品に、子ども独自な発想と、詩的内容のすぐれたものが生まれてきた。

❸そこで、右のような子どもの俳句を教材とし、従来のような大人の俳句の模倣・追従でない俳句の学習を、表現・理解の両面からすすめていく、新しい通が開かれてきた。

五、指導の展開

学習活動

❶ 本時の学習についての説明を聞く。

❷ 知っている俳句を発表してみる。

❸ 俳句を読む。

*ノートへ視写する。

*音読してみる。

*句の印象（理解）を発表。

❹ 想像を加え、理解を深める。

*手引きを参考に句の理解を書いてみる（俳句の散文化）。

❺ 物語俳句を読んでみる。

*句に詠まれている物語は？

それはどんな場面か。

❻ 俳句を作ってみよう。

*掲示の句をノートに写し、欠落部を補う。

❼ ③の俳句の散文化したものを発表する――評価。

❽ まとめ。

学習活動の支持

*説明を聞くことによって緊張がほぐれるように、また、学習の方向が、だいたいわかるように配慮する。

*子どもたちの俳句への関心を打診してみる。

*教材句五句を提示する――視写――音読。

*好きな句を選ぶ。

*寸感的な句解を話してみる。（クイズふうに）
- 五句に対し、六枚の句解手引きを用意する。
- 手引きを参考に、句の解釈を話す。
- 手引き例（ぼく、さびしかったよ。でもよかった。とんぼさん、先生がね……）

手引き例

> 何？ ペンギンさんになりたいの……そう、わかった、わかった。いますぐ折ってやるからね。ちょっと待っててよ。

*既習の物語から発想された俳句（授業者作）を読んで、物語名と場面を想定してみる。

*欠落部のある俳句、二、三を掲示し、欠落部に適合することばを挿入してみる。

*俳句の散文化（解釈）したものを発表する。

*感想、評価。

つかの俳句大会に寄せられていること、子どもだけではなく、大勢の母親・主婦たちの作句熱もすさまじいこと、新聞や、雑誌、放送、出版も、俳句で大にぎわいなこと、俳句は年寄りのもの、一部の風流人のものではなくなってきていることを、少し誇張気味に話します。この話も、長いのは禁物、せいぜい、二、三分というところでしょうか。

子ども俳句を紹介する

話の終わったところで、

「それでは、いまの子どもたちがはりきって作っているのはどんな俳句か、読んでみよう」

と期待をもたせて、次のような句を黒板に掲示していきます。ここでは、参考までに各学年一句ずつ、ゆっくり黒板に並べていきます。（三、四句でもよい。）

あかとんぼみていてぼくもかるくなる　一年　ふるかわまさひで

きょうかしょもノートもみんな二年生　二年　さとうみどり

さんまやくにおいがするよかくれんぼ　三年　坂井学

空ぶりのバットのむこうにいわし雲　四年　松田京平

水仙のラッパの中から春が来る

五年　山崎裕代

かぐや姫が来そうな満月本を読む

六年　宇佐美律子

六句並んだところで、めいめいが読んでみます。俳句は短小な詩章ですが、読みなれないとぎくしゃくしてうまく読めないことがよくあります。また、さっと読んだだけでは、句意を理解できない子もいるはずです。個々に読んだあとは、みんなで声をそろえて読んでみたり、何人かを指名して読ませてみてもいいでしょう。

ここではあまり深入りをせず、好きな句を選ばせたり、よくわからない句を指摘させてみたりする程度の軽い学習にしておきます。

ここまでは、導入で、

❶―知っている俳句

❷―俳句ブームの話

❸―現代子ども俳句を読む

をせいぜい、五、六分ですませます。

教材を書き写させる

いよいよ授業も本番です。あらためて教材を提示します。わたしが、これまでたびたびとりあげてきた教材は、次にあげる五句です。

この五句を、教師は板書、子どもはノートへ、いっしょに書きます。この場合、都合によってパネルを貼ってもいいですが、なるべくなら視写の過程を踏ますことにして、全員を学習に集中させます。それが句の理解にとってプラスです。

八十字足らずですし、大部分がひらがなですから、五、六年生なら四、五分で書けるでしょう。

（もちろん導入時に貼ったパネルははずしておきます。）

先生が
たいいんしたよ
とんぼさん

一年　くまがいえりか

おりがみさん
いまペンギンに
してあげる

二年　木村しんすけ

赤ちゃんが
よくわらうなあ
春の風

三年　吉本広美

天国は
もう秋ですか
お父さん

五年　塚原彩

母の歌
せんたく物も
すぐかわく

六年　斉藤達也

黒板の上部、右端に寄ったところから書きはじめ、左のほうにゆとりを残して書きあげます。

一読して、どの句もよくわかります。五、六年生の学ぶ教材としては、あまりにやさしすぎるという批判が出るかもしれませんが、わたしには、いくつかの指導意図があって、これらの作品をとりあげてみました。

句意を考える

先生が
たいいんしたよ
とんぼさん

この句のすばらしさは、「とんぼさん」にあります。担任の先生の入院でひどくさびしかったのでしょう、その退院がめっぽううれしい。そのうれしさをだれかにぶちまけたい。そのときたまたま、オニヤンマが目の前を飛んでいく。思わず「とんぼさん」と呼びかける。この飛躍した文脈がすばらしい。「うれしい」とは一言もいっていないが、喜びが噴出している。いかにも子ども世界の俳句表現です。

先生がたいいんしたよおかあさん
先生がたいいんしたようれしいな

だったらつまらない。一年生でもこんな句が作れる。大人が読んでも十分楽しめます。そして、これが高学年の作句学習のお手本にもなるのです。

おりがみさん
いまペンギンに

してあげる

折り紙を見て、あっ、あの折り紙、ペンギンにしてもらいたいのだなと直感している想像力が、この句を発想した。子どもらしいアニミズムも健康だし、この対話調表現もおもしろい。

春の風
よくわらうなあ
赤ちゃんが

この句にも「春の風」という飛躍的な表現がある。「赤ちゃんがよくわらうなあかわいいな」と安直にまとめていない。何かのきっかけで、赤ちゃんが笑いだしたのだろう。あたたかくなって薄着の赤ちゃん、手足が楽に動く。その薄着の肌に、春風が心地よい。笑いの背景に吹いている春風が生きている。

母の日です茶わんあらいをかくれてする

四年生の作品としては、この句を用意しましたが、この句は、後に述べるような生かし方をしましたので（59ページ）、ここでは、四年生の教材として提示しないことにしました。

天国は
もう秋ですか
お父さん

この句については、すでになにほどか書きました。提出した五句のうち、試みに「どの句が好きか」と聞いてみると、この句の人気が圧倒的。五、六年生ともなると、句の意味とはべつに、それとなく作品にただようムードがわかり、作者の心境が理解されるのでしょう。それというのも、父を亡くした作者が、悲しい、さびしいというような、センチメントを払拭して、明るく、健康な表現がなされているところ、これが逆に強い感動をよぶのだと思います。

母の歌
せんたく物も
すぐかわく

この句はまた、底抜けに明るい母親を描いている。歌の好きなこの母親は、仕事をしながらも、歌を離さない。活動的な母親に調子を合わせるかのように、太陽も歌い、洗濯物まで、すぐに乾いてくれる。

以上、五つの教材には、先生、赤ちゃん、父親、母親と、身近な人間、それにこれも身近に存在する、とんぼと折り紙が詠まれています。俳句への導入ということを考えて、特殊な題材をとりあげたものや、ひねった詠みぶりの句は避けました。どの作品も、一読してだいたい理解されるものばかりですから、一つひとつの句について、あれこれ注釈をしたり、発問によって、聞かでもがなのことを聞くことをひかえ、それらのことは最小限にとどめます。

音読してみる

子どもも視写をしながら、それとなく句の理解をしているはずです。書きあげたところで、全員、あるいは指名で何度か音読をしてみます。発音正しくリズムに乗せて、快く読み、これらの句を心のなかに融《と》かしこんでいきます。

クイズ仕掛けで句を解釈する

ここで、わたしは、クイズに仕組んだ、次のような指導をしてみました。短冊型に切った五十センチほどの紙を六枚用意します。そして、その紙の片面に次のような文句を書いておきます。これは句解の手引きです。

*うれしい！　早くみんなに知らせなくっちゃあ。
*紙が話しかけている。物にも心があるんだなあ。
*うれしいの。そう。あったかくて気持ちがいいのね。声まで出して……。
*稲の取り入れもすみました。みんな元気ではたらきました。

＊きょうもお天気、ごきげんね。とってもいい声よ。
＊いい気なもんだ。お日様がわらっているよ。
この六枚の短冊のうち、右から順に五枚は、先生が退院、折り紙さん、赤ちゃんの忖度《そんたく》、天国の父へ、歌の好きな母、それぞれの俳句に対応して書かれた短冊です。

そして、六枚目は、どの句にもちょっとつながりのあるようでないような、あいまいな文句の短冊です。つまり、この一枚には、読み手の解釈を惑わすジョーカーの役をさせようというのです。

このとき黒板の右には、五つの教材俳句が書いてありますが、黒板の左のほうはまだ、かなり広いスペースが空いています。そこへこの六枚を貼ります。座席の子どもたちには見えないように裏返し、しかも、右の五つの教材俳句とは順番を違えておきます。そして、次のような説明をします。

「これから、俳句のクイズをやってみよう。

この六枚の短冊には、あの五つの俳句と関係のあることが書いてあります。このクイズをやってみようと思う人はここにきて、座席の人には見えないように、そっとめくって読み、これはあの句とつながるな、とわかったその句の下へ貼ってもらいましょう。そして、そこに貼るわけも短く話してください。

俳句は五つ、この短冊は六枚です。余分の一枚はトランプのジョーカーと同じです。これはジョーカーだなと思ったら、そっともとのところへもどしておきます」

短冊をめくり、それが句意と照合したものを、それぞれの俳句の下に移動させ、それにコメントをつけるということの学習のなかで、句の解釈が行なわれるのです。この場合、右の操作は、一人一枚か二枚にします。その間、座席にいる子どもたちは、みんなの前で短冊を動かす子どもを注視しています。短冊が教材俳句の下に移されると、さっとそれを読み、コメントを聞いて、その選択の正否を判断します。つまり、全員が句の解釈に参加するのです。

このようにして進行するなかでおもしろいのは、ジョーカー短冊をとりあげたときの子どもの表情です。短冊の移動をためらったり、誤ったりすると、座席のほうも緊張してきます。

全部を移しおわると、ジョーカーがのこるはずですが、たまにはほかの短冊がのこることもあるはずです。短冊が正しい位置に移されているかどうか、その適否は、座席の子どもたちに評価させてみるといいでしょう。こうして、句意の説明を教師がすることを控えて、まず子どもたちの理解をとりあげることにします。

このクイズには、三つほどのねらいがあります。

❶―短冊を開き、掲示されている句と照合して、句意をとらえる。

❷―短冊を符合する句の下に移す。

❸―移動したところで短冊の文句を読み、さらに当人独自の解釈を加えて説明をする。

右三項のうち❸のコメントをどのように行なうか、そこに、子どもそれぞれの句解の深浅をうかがうことができておもしろい。

ただし、すっかり子どもまかせにしたのでは、表面的な解釈に終わり、句のよさまではわからずじまいになりかねません。そこで少しつっこんで質問をしたり、ある解釈に対して、意見や反論をひき

出したり、教師が適切な補説をすることも望ましいことでしょう。わたしも、

天国はもう秋ですかお父さん

この句について、さきに書いたようなエピソードを話してやったこともあります。

以上のように手のこんだ授業は、俳句の学習へ子どもたちを誘いこむ初期に、一、二度やってみる程度で十分でしょう。わたしの場合は相手がつねに初対面の子どもたちなので、こういう工夫もしてみるのです。

理解を確かにし、想像豊かに読み味わう学習を求めるには、次に述べようとする、作品の散文化という指導もなかなか効果的です。こちらのほうの学習は、短い時間を活用して、なるべく多く経験させてみたいと思います。

俳句を散文にしてみる

ここまでの指導と学習でいちおう読解はできたことになりますが、個々の子どもたちの理解は、まだまちまちであり、深浅の差も大きいと思います。そこで、わたしは、次のような指導をすすめてみました。

Ⓐ—山田先生が入院したので、わたし、とてもさびしかったの。でもさっき、川口先生から、先生が退院したことを聞いたの。わたし、とってもうれしくて、早くみんなに知らせよ

うと走っていたら、大きなオニヤンマに出あったので思わず……。

Ⓑ―なに！　ペンギンさんになりたいって？　わかった、わかった。いますぐ折ってやるからね、ちょっと待っていてよ。

Ⓐ、Ⓑは、読み手の子どもが仮に作者になって、句の理解を散文に書きかえてみる形なのです。教師がくどくどと句の説明をしたり、小刻みな発問をして、子どもたちを引きまわすことをしないで、このような短文を書いて参考にさせます。子どもたちは、これを手引きにして、各自に教材文の一句か二句を選び、短い散文に書きかえるのです。

そのとき子どもが、想像や、思い浮かべるイメージを自由に盛りこんで、表現を豊かにすることを心がけさせます。下位の子どもには助言をして、とにかく、一句をものにさせるのです。どうしても書けない子には、手引きを書き写させてもいいでしょう。

五、六分もあてれば、これまでのところ、どの子もなんとか書けました。書けたところで、散文にされた理解を、こんどは声をとおして発表してみる学習へ展開していきます。

その発表に対しては、聞き手の感想を加えさせたり、教師の評価を添えるのもいいでしょう。

このような学習は手軽にできますから、たびたびとりあげます。回を重ねるにしたがって、子どもたちの解釈はシャープになり、豊かさが加わってきます。口頭での発表ではとてもとどかない句の理解と、その理解を表現する力の成長をみせてくれます。

国語科における表現と理解の一体化を具体的に実現することは、心ある教師たちの一様に苦慮するところですが、右のようなコースを志向すれば、さほどむずかしいことでないことを、多くの教師が経験するでしょう。わかったことをタネに、それに各自の思考や想像を加えて書くということを身につけてくると、この学習が、おのずから子どもたちの表現力を高めていきます。書くという言語行為のもたらす効果を、わたしたちは、さまざまな実践をとおして確かめてきました。次に、埼玉県の松伏第二小学校六年生の子どもたちが書いた散文化の何編かをとりあげてみましょう。

榊　仁美

ヤッター。先生が、
たいいんしたの、うれしいね。
早くだれかに伝えたいなあ、
あっとんぼさん、
　あのね、先生がたいいんしたよ。
　　うれしいね。

松沢智子

えっ。ペンギンになりたいの。
　ちょっとまって。
いまはつる折ってるの。

さあ、できたよ。
ねえ。ペンギンになってどうするの。
北極にいくの。
あそこはとってても寒い所なのよ。
ガマンできる。じゃあすぐに
ペンギンにしてあげるわね。

成田直美
赤ちゃん、そんなにうれしいの。
春の風って、とても気持ちがいいものね。
それとも、風が赤ちゃんをくすぐっているのかな。
風も、赤ちゃんのかわいい笑顔が見れるからおもしろがっているんだね。

小川久美子
天国はもう秋ですか、お父さん。
家の回りでは、とんぼが飛び回り、いねかりもおわりました。ゆうやけもとても
きれいです。お父さんと一緒にこのきれいなゆうやけを見たかったなあ。

水野英明

ランラン、ララ、ララ、ラ、あら
今日は、声のちょうしがとってもいいわ。
よし、この声で雲を、
一つ残らずふきとばして、
青空をいっぱいに広げてしまえば、
せんたく物もすぐかわくわ。

俳句的表現の特徴に気づかせる

俳句が五音・七音・五音の韻律によって構成されていることは、子どもたちも、それとなく気づいているると思います。ただし、音節のとらえ方、とくに促音や拗音については、いちおうの指導が必要でしょう。

俳句的な表現の特徴として、

❶—助詞や、体言止めなどによる省略が多いこと。散文化した文章と比べてみるとよくわかる。
❷—叙述の仕方に、飛躍や屈折がしばしば行なわれること。
❸—比喩的表現が多用されるが、子どもにはちょっとむずかしい。
❹—子どもには「うれしい」「かなしい」「さびしい」などの心情むきだしの表現が多い。なる

べく早く、こういう表現から脱却させる。

など、とりあげた教材や子どもの作品を手がかりにして具体的に理解させることです。

つぎの図は、❷の表現における飛躍を示したものです。これは省略や屈折ともつながりがあります。

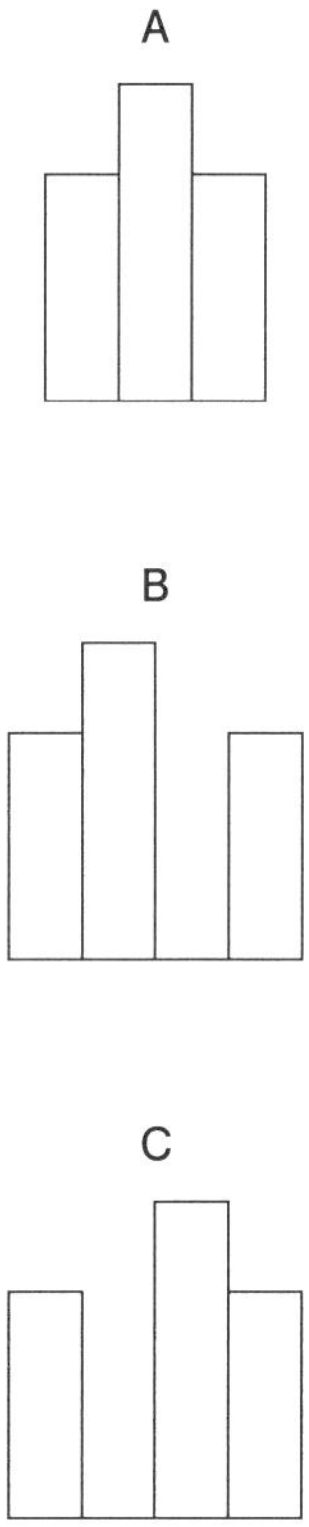

A型は五・七・五の措辞が直線的につながっている形です。日本語のもっとも自然な文脈なので、子どもの俳句は、大部分が、このタイプです。

菜の花に
ふれて黄色に
なるちょうちょ

三年　後藤めぐみ

子どもの俳句には、B型の作品がいちばん少ないかもしれません。上五が、下に続く七・五と切れた形ですから、こういう文脈で句の内面につながりをもたせて、まとめることはむずかしいのでしょう。大人の俳句では「○○や」と「や」の切れ字を使って中七・下五と表面的な意味のつながりを断ち、表現の効果をねらう手法は、きわめて頻繁に行なわれています。

くちげんか
さるびあにあめ
ふってくる

一年　おのこういち

この句は、一年生の作だそうですが、上五と、七・五とはうまく切れていて、しかも、一句は「さびしさ」を孕《はら》んでまとまっています。

立秋や
鞄の鈴が
よくひびく

中三　村山智恵子

中学生にもなると、「立秋や」というような表現法が手のなかにはいってくるようです。秋になって、空気が冷え冷えと澄んでくると、鞄につけた女の子らしいアクセサリーの鈴がよくひびく、そこをよくとらえています。上五と中七・下五のあいだに作られた文脈の切れ目に、新秋が強く感じられて効果的です。

C型は、下の五が、五・七の文脈から離れている形で、

好きな人
母にも秘密
水中花

中二　中村香織

すでに掲出した、「赤ちゃんがよくわらうなあ春の風」なども、この類型にはいるでしょう。

母の日です
茶わんあらいを
かくれてする

小四　小山幸枝

この句の「かくれてする」は、飛躍というよりも屈折ではないでしょうか。かなり意表をついた表現です。それだけに効果的です。

一般に、小学生の句は、大部分がA型で、B、C型はぐんと少なくなります。それは、文語の表現力、あるいは「切れ字」を生かすという表現技法などとも関係があるのでしょう。この点、中学生になると、それがだんだんマスターされてきて、作品にも表れてくるようです。

B、C型は、俳句独特の効果的な表現法ですので、作例について具体的に指導し、表現能力を高めたいものです。大人の世界ではさかんに用いられています。

右の三つの型のほかに、口語調、会話調、単語並列調などをあげることができます。

俳句は現在も、文語調を主体としています。文語表現となると、かなづかいも「旧かな」ということになりますので、子ども俳句は目下のところ百パーセント口語です。これが自然であり、これで十分です。口語表現なので、会話調も発想されてきます。

おりがみさん
いまペンギンに
してあげる

天国は
もう秋ですか
お父さん

もう一つの並列型というのは、

かいすいよく
すなやまかいがら
すいかわり

というので、型としてとりあげるほど多くはみかけませんが、これも俳句独自な表現ではないでしょうか。いくつかの単語を並べると、連想によって、単語相互が結びあい、ひとつの世界をつくりだします。子どもたちにやらせてみてはどうでしょう。

それはとにかくとして、型がはじめにある、その型を句作のワクにすることは、望ましいことではありません。まずは、各自、自由に作りやすい作り方でたくさん作ってみることをすすめます。

そのうちに、読む教材としてとりあげる作品にバラエティをもたせ、表現の類型にも眼を開かせていったらどうでしょう。

しかし、こういうことが本格的に学べるのは、作句の学習です。

おりがみさん
いまペンギンに
してあげる

母の歌
せんたく物も
すぐかわく

六地ぞうの
かげからのぞくごんぎつね

第三章 俳句を作る

◉なにを手がかりにして作句するか◉物語を読んで俳句を作る
◉「ごんぎつね」を教材にした俳句指導（作ること）の授業展開と指導案
◉俳句学習でことばをみがく◉俳句学習の世界を広げる

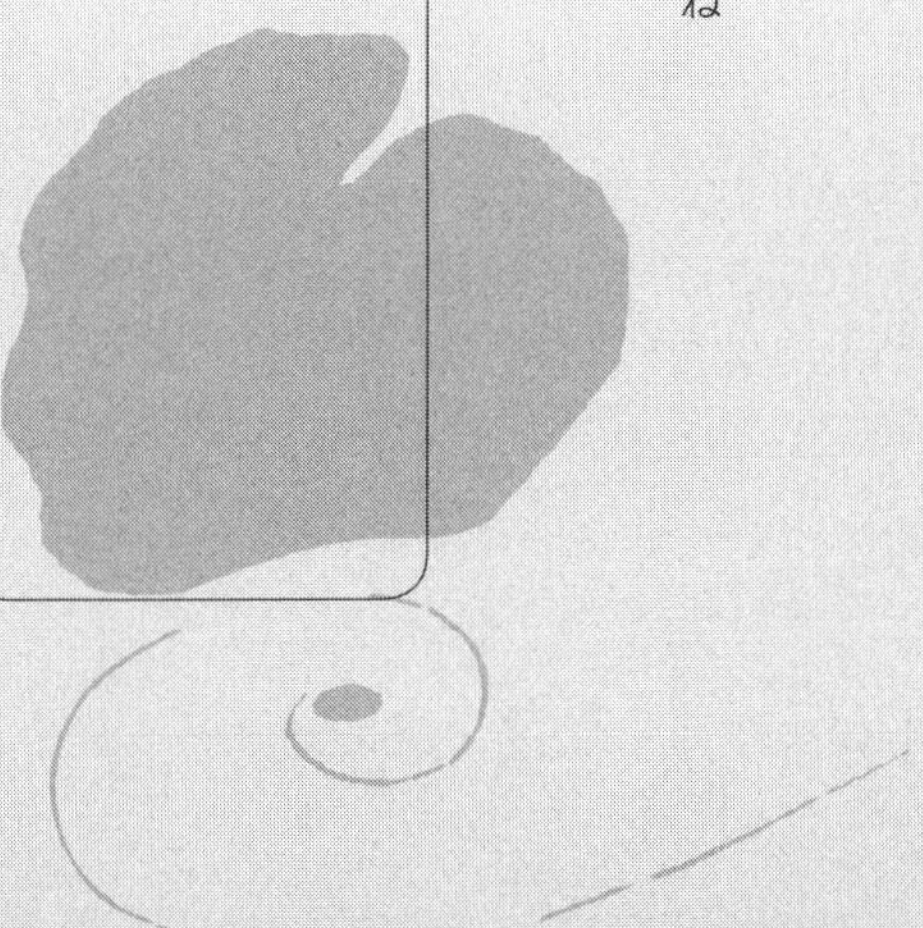

なにを手がかりにして作句するか

教師の作句経験が授業を豊かにする

すでに述べましたように、俳句作品は早くから教材として教科書にも載せられてきました。しかし、作文の領域とされる俳句づくりは、それほど確かな存在性をもっていなかったといえるでしょう。子どもの作文といえば、主として日常生活に取材したいわゆる生活文(子ども随筆)といわれるものが大半をしめ、ほかに自由詩の指導が、一部の教師によって行なわれてきました。しかし、俳句の指導となると、作文指導領域の刺身のツマともいえない存在ではなかったかと思います。

ところで、今日これだけにぎやかに作られるようになった、子ども俳句の背景には、きっと多くの教師たちの努力があるにちがいありません。

しかし、ふしぎなことに、わたしの周囲には、ついぞ、そういう教師をみかけません。したがって、俳句指導の授業を見ることもぜんぜんないのです。といっても、わたしに身近な国語教室からの子ども俳句の情報は、さほど豊富なものではありませんから大きなことはいえません。

俳句はどこでどのように作られているのか。それはどうも国語教室とはべつの世界で作られている、作らされている、そんな憶測をしてみるのですが、はたしてどうでしょう。

子どもの俳句がたくさん作られている事実は歴然としている。それが、どこで作られていたっていいではないか、という考えもできるでしょうが、俳句に内在する多彩な国語学習のメリットを考えると、国語教室が、現在のブーム現象にまかせて、それに無関心であっていいのかどうか。いままさに俳句は大人だけのものではなく、子どものものでもあるのです。とすれば、国語教室はこれにそっぽをむくわけにはいきますまい。俳句に内在する価値の高い指導内容を検討し、理解して、指導の手をさしのべてみるべきだと思います。

わたしは、あちこちの集会で、子ども俳句に対する参会者の関心を探ってみます。そして、思いのほか、俳句指導に関心が薄く、子ども俳句の情報にも疎《うと》いことを知りました。もちろん作句経験者も稀少です。

俳句が作れるにこしたことはありませんが、作れなくても、読むこと、理解することはできるはずです。理解することができれば、教材を探すこともできるでしょう。教材は手軽に見つけることができます。教材を見つけることは、すでに教材研究であり、指導への一歩です。少していねいに教材を読めば、その教材でどんな指導ができるかもみえてくるはずです。

そのうちに、子どもといっしょに作ってみるのです。さらには、夏休みその他の時間をみつけて、俳句教室あるいは句会の仲間にはいって実作の経験をもつのも望ましいことです。

わたしは、わたし自身の一つの趣味、国語授業者としてのたしなみとして、長年、俳句を作ってきました。またこれをしばしば国語教室にももちこんできましたが、俳句のもつ言語学習の価値をしっかりととらえて、それを指導のコースにのせていたか、また、俳句をとおして、ものの見方や感じ方、理解の仕方、いいかえると、日本的な言語表現力を触発するような指導をしたことがあるか。もちろん俳句を読むこと、作ることの指導は試みましたが、それらは、いまやってみようと考える俳句指導のとば口だったといえるでしょう。

わたしは、四、五年前から、これが子どもの俳句だという子ども独自の作品にふれて、目を覚まされました。こういう俳句が作れる子どもを育てることができたらすばらしいことだ、ぜひ取り組んでみよう、とそんな意欲をもちました。

子ども俳句から、こんな強い触発を得たことははじめてですが、それができたのは、これまで続けてきた作句経験が、大なり小なりものをいっているのだと思います。

わたしは毎年、研究仲間と合宿研修会を続けてきました。この研修会の一コマに、メンバーから嫌われる「句会」というプログラムが加えてあります。

「国語教師たるもの、俳句の一つもまともに作れなくてどうするか」

というのが、わたしの叱咤《しった》激励のセリフですが、仲間は「なるほどそうか」とうまくは乗ってきてくれません。

沼津国語同好会と、わたしたちの研究サークル・青玄会は、ここ十余年、合同の合宿研修会を重ねてきました。この研修会のプログラムの一つにも句会があります。句会はおおむね天城峠の麓《ふもと》にある旅館で行なわれ、これもすでに十年を超しました。十年を記念して編集した句集『寒の星』、その序文の冒頭に、こんなことが書かれています。

――夜を徹して、激論をたたかわした翌朝、もう一つの研修、句会というしごきが待っている。

句ができない。できた句が拙い。下手な句が満座の中でちぢこまっている。屈辱以外の何ものでもない。

「なんでまあ誰がきめたかこの句会」

と、ボヤキたくなり、恨みたくなる。（中略）

少々強引なわたしのリードを揶揄《やゆ》して、こんな句を作った人もいました。


――たかが俳句……。いや、これがなかなか馬鹿にならない。優れた句が作れるにこしたことはないが、それは二の次にしてもよい。句作の経験は、教材を読む力、選ぶ力、創る力を支える。作文の指導、作文の書けない子への気配りなどにも広がっていく。

――句会は、初心者にとって、屈辱の場であると書いた。子どもの前にいる教師は、ついつい何でもできるという錯覚にくるまっていることが多い。句会はその錯覚を叩き壊してくれる。（以下、略）

脱線しました。そのうえ、おおよそ世間の教師たちもこうだろうと書いては、お目玉をもらうでしょうが、なにほどか作句経験をもつ教師がどのくらいいるか、国語教師といえどもあんがい少ないのではないかということはすでに書きました。いや、俳句に限らず、文章表現に積極的な教師がいかに少ないか。わたしはほかのことでも経験してきました。

俳句のもつ、あれこれのよさがわかって指導に取り組まれることは、望ましいにきまっていますが、せめて、今日の子ども俳句ブームが心ある教師を動かすことができたらなと、そんな期待をもつのです。

子どもの発語を敏感に受けとめる

一九九二年二月四日の日本経済新聞の文化欄に、左記のような注目すべき記事が載っていました。

それは、正岡子規が俳句を作りはじめたころ、彼と同郷の学友であった勝田主計《かずえ》の日記が見つかったというのです。勝田はのちに大蔵大臣をつとめたほどの人物ですが、この日記に書かれている交友の七年間は、俳人・正岡子規の誕生するたいせつな時期だったのだそうです。

この日記が、子規の研究に重要な資料であることが書かれているなかで、わたしの関心を惹いたのは、主計と子規の二人が上野公園を歩いた日(明治二十二年二月三日)の記録です。

――二人で散歩した上野の山は桜の満開でした。たまたま、母親に手を引かれて歩いていた女の子が、大声で、

お母さん、あんなに桜が咲いているよ。

と大声をあげたそうです。それを耳にした子規は、

あれだ、あれだ、俳句の妙ここにあり。

といったそうです。

主計は、子規の俳句に対する理想はこのあたりにあったので、いまもその子規の発言が耳にのこっているような気がすると、書きのこしているとのことです。

これは子規が俳句に志したもっとも初期の感動体験とみることができます。

小児のように純粋で真摯《しんし》な自然への対応が、俳句の原点だというのでしょうか。また、ことさらな作意や粉飾のない表現の素朴さをのぞましいととらえたのでしょうか。新聞には——句観を育てた「上野の散歩」——という見出しがついています。

たしかに子規の句はわかりやすい。即時的、即物的、写生的です。

一見たわいもないと思われる子どもの発語を敏感に受けとめる、子規の言語感覚には、われわれ教師の教えられるところがたくさんあります。子ども俳句のなかには、幼稚園児の作品もたくさんありますが、そこには、子規を喜ばすような作品がたくさんあります。

子規がこんな自然発語を俳句の原点と認めていることは、俳句を作ろうとする者(教師もふくめて)はもちろん、俳句を指導しようとする教師に対しても、大きな拠《よ》りどころになるのではないでしょうか。

写生の句と、想像を交えた句

ひとくちに俳句の作り方といっても、多岐にわたっていますが、ここではまず、作り方の基本姿勢とでもいえることをとりあげてみます。

古い伝統をもつ俳句ですが、明治の二十年代の後半から三十年代にかけて、正岡子規が俳句の革新を提唱して、実作、選句、評論と大活躍したことは、よく知られているところです。

その子規が「発句」と呼ばれていた連句の第一句を「俳句」といいかえはじめて、一九九一年がちょうど百年目だそうです。子規は俳句の基本を「写生」に据え、事物事象の観察をそのまま写しとり、そこに想像や感情を加えず言語化(表現)することを強調しました。

この写生主義は、短歌にも広げられ、俳句では高浜虚子によっていっそう強化されましたし、短歌では伊藤左千夫、島木赤彦、斎藤茂吉その他にも受けつがれていきました。

ものを、よく見ろ、細かく見ろ、続けて見ろ、という指導は、俳句だけでなく、子どもたちの書く詩、そのほか作文一般についても、必須の制作条件、制作過程であるとされてきました。たしかにこれは、書くことの基本姿勢ですから、そのことは、文章表現だけでなく、絵画や写真、工芸などにも共通することです。もともと「写生」ということばは、こちらのほうの用語であったこともよく知られているところです。

今日、子どもたちの作る俳句も、その大部分は写生俳句といえるものでしょう。

しかし、写生を主唱した子規は、一方で、次のようなこともいっているのです。

写生による俳句がかなりできるようになった者は、想像による俳句も作ってみること、写実と空想(子規の用語)による両方の句も心がける。写生による作句が、

基本であることは動かないところだが、それればかりでは狭い。想像のない詩は痩せる。

あれほど写生を強調した子規ですが、子規はかたくなに写生にこだわってはいません。虚実の両面に作句の世界を広げることをすすめています。

朝日新聞に載せられた矢島渚男氏「俳句時評」によって、次のようなことも教わりました。

鶏頭の十四五本もありぬべし

有名なこの句も、子規病床での作で、庭の鶏頭を現実に見てはいないことが「ありぬべし」にうかがわれるというのです。

征韓論に敗れ、鹿児島に帰った西郷隆盛を詠んだ、

内閣を辞して薩摩に昼寝かな

という句もあるそうです。与謝蕪村にもたくさんの作例があるようです。

お手討の夫婦なりしを更衣

などもその一例でしょうか。

一九九一年二月、「読売文学賞」に輝いた川崎展宏氏の句集『夏』のなかには、

熱燗や討入りおりた者同士

という作品が載せられているそうです(九一年二月六日、読売新聞夕刊)。この句を読むと、だれもが、赤穂浪士の吉良邸討ち入り、あの夜を想像するでしょう。討ち入りをリタイアした者同士がそっと居酒屋に集まって、主君に背を向け、同志を裏切り、当時の武士道を踏みはずした呵責《かしゃく》におちこんでいます。せめて熱燗でもあおって気分を引き立てようとする。なんともやりきれない、まことに複雑な彼らの心境が、これを読む者の想像をかきたてます。

写生では描けない、小説の幾コマかが、この短章によって十分に表現されています。想像で描かれた世界ではありますが、それでいて、読む者にはきわめてリアルに、その情景はもとより、酒を酌《く》み交わす「者同士」のひそひそと交わすことばや、複雑な心の襞《ひだ》まで、あれこれと手に取るように見えてきます。表現は痩《や》せていません。豊かで底が深い。

でも、写生優先の子規は、このような想像の句づくりは、初心者にはすすめていません。まずはそうとう写生に慣れてきて、松はかくかくであり、竹はしかじかと、ものの本質を見る目と、写生によって得た対象認識の蓄積ができてからだと教えています。

ひるがえって、子どもたちはどうでしょう。かれらは、一つの対象をじっと見すえるとか、同じも

のをたびたび見る、続けて見るということは、不得手ではないか、どちらかというと目移り、移り気というのが子どもの一般的な習性ではないかと思います。子規の写生論は、俳句以外の文学、美術の基本姿勢としても、動かないものでしょうが、だからといって、子どもの場合、この写生一辺倒で臨むことが適当であるかどうかは考えさせられるところです。

現在、わたしたちの目にふれる子ども俳句は、やはり大部分が写生俳句のワクのなかにはいるものでしょう。しかし、これらの作品が、国語教室で作られたものかどうかはわかりません。それはとにかくとして、国語教室で学んだ写生俳句の手法を、教室外の生活を詠むことに生かすことはできるはずです。

子どもたちめいめいの生活から生みだされる俳句の場合、ある子はとんぼ、もう一人はコスモスと、対象をとらえる時や場がちがいます。これを教室に移して、いわゆる題詠といわれる形にして、きょうは「とんぼ」の俳句を作ってみよう、というような仕組みにすると、どうでしょう。作れないことはないでしょうが、なにごとにもまだ経験の乏しい子には抵抗が大きく、どうもこれが上策とは考えられません。

読むことと書くことを一体化する

子規の、かならずしも写生一辺倒でない、想像もみとめるという作句論に、わたしは大きく目を開かれ、救われました。これなら授業をとおし、国語教室のなかで俳句指導ができる。この主張に力を得たわたしは、思いきって、次のような冒険を試みました。

それは、物語を読むことと、俳句を作ることとを連動させてみるという指導です。ここまで脱線すれば、たぶん子規にはお叱りを受けるでしょうが、わたしには次のような方法が考えられてきました。

❶—いうまでもなく、国語教室では、多くの場合、全員が、読む対象を一つにして学習しています。

❷—読むという学習では、ことばの吟味をしながら読む。ストーリーを追って読むということもしますが、あれこれの場面の状況や、登場人物の心境を想像しながら読むということの指導もします。

そのような理解や想像を俳句表現にしてみることはできないか。まずわたし自身、それをやってみました。

コスモスをもらうお手々のごはんつぶ

羽ふれて桃の花散る別れかな

月の道兵十加助のかげぼうし

鎮魂の石臼重し原爆忌

などという句が二十句ばかりできました。いうまでもなく右は、理解と想像による、「一つの花」「大造じいさんとがん」「ごんぎつね」「石うすの歌」などの物語を背景にした、子ども向けの俳句です。国語学習という側面からみると、これは、読むことと書くこと(理解と表現)の一体化といえる学習ではないでしょうか。

物語を読んで俳句を作る

なぜ、「ごんぎつね」を選んだか

いよいよ、この物語俳句方式を授業におろしてみることに踏みきりました。

上野駅のほぼ真向かい、大通りから少し奥まったところにある台東区立西町小学校の六年生を相手にした、少々大げさにいうと、「本邦初演」(九〇年五月二十九日)、「ごんぎつね」を教材にした、物語俳句授業です。

ふつう子どもたちが、教科書教材で「ごんぎつね」を学ぶのは四年生です。したがって、この授業の場合、「ごんぎつね」は二年前にいちおう学習をすませているということになります。

むかしもいまも、一度教科書で学んだ教材を、一年も二年もたったあとに、教材としてあらためてまともにとりあげるなどということは、めったにしないでしょう。

使い古しでなく鮮度の高いものが、いい教材の条件だということになりますが、下学年の教材を、角度を変えて上学年で活用することが、効果的であることもけっこうあります。ここでは、物語として読んだ「ごんぎつね」を、俳句づくりに生かそうというのです。

「ごんぎつね」を「作句入門」に選んだのには、いくつかの理由があります。

❶―この物語が、子どもたちに興味ぶかく読まれている。

❷―俳句になる契機を多く孕んだ物語である。つまりこの物語には、俳句になるシーンがたくさんある。わたしの見た「ごんぎつね」指導の多くは、「ごん」をいたずら者としかとらえていなかった。俳句をとおして、「ごん」の行動にみられるペーソスを理解する。

❸―この物語には、どこにもここにも、季語がころがっている。したがって、これを手がかりに俳句づくりに導入することができる。

❹―花を見て作る、虫の声が俳句のネタになると同じ、いや、それ以上に、「ごんぎつね」のなかから手軽に俳句ができそうです。その気になって読めば読むほど、そこから俳句が生まれてくる。いうまでもなく、読みの深さと作句の力とは密接な相関関係にあります。したがって、そこには、子どもたちそれぞれの俳句が生まれ、巧拙はともかく、めいめいに表現と理解の一体化が望めます。

❺―いろいろな物語を読む学習のなかで、作句の経験をもたせることができますが、最初の教材としては、「ごんぎつね」が最適ではないかと思います。したがって、この教材での物語俳句づくりの経験は、今後の作句を容易にするにちがいありません。

ここでは、既習の教材をとりあげましたが、慣れてくれば、当該学年に用意されている教材についてもすぐに取り組めます。一つの教材を学習する何時間かのうちで、何度か、句を作る短い時間を設定してみてはどうでしょう。それによって子どもの読みの向上、深化を打診することもできるでしょう。

教材「ごんぎつね」のことから少し脱線しました。いよいよ授業にとりかかることにしましょう。

俳句の指導は、まず読む、読みなれて理解し、このような表現になじみをもたせることから始めます。少しなじんできたところで、作る学習に誘いこんでいきます。何度も書きましたように、こうして読むことと作ること、理解と表現の円環的な学習態勢を作っていくことが望ましいと思います。

さて、その作る指導ですが、作ることの指導についての、わたしの発想(作句姿勢)はすでに書きましたので、ここでは、わたしの意図する作句指導の具体的事例、つまり授業の実際を書いてみようと思います。

ここに書くのは、作句指導の一例、それも作句の指導の最初のとっつきは、このようにやってみたらどうだろうという提案です。俳句を作ったことのない子どもたちに、はじめての経験をさせようとするのですから、少々手のこんだ指導が仕組まれていますが、このような指導を通過したら、次の段階からは、こんなていねいな指導はしなくてもいいはずです。適時、時間を作って、作句への関心を実作によってつないでいきます。

この実験的な作句入門の授業は、上野の西町小学校以来、あちこちの学校でやってみました。対象学年は、五年生と六年生です。指導の内容はだいたい同じですが、手持ちの教科書によって、俳句について、なんらかの学習をしている子どもと、そうでない子とでは、多少それを意識して指導にあたりました。

わたしの俳句入門の学習は、いわゆる写生主義によるのではなく、物語を読むことと連動させる、「物語俳句」とでもいえるようなものですから、主教材としては、前述のような観点によって、これまでのところ「ごんぎつね」をとりあげました。三、四年生での俳句指導はまだやってみていませんが、その他の物語でもできないことはないと思います。

俳句についてなんらかの理解をもつ人は、物語を手がかりに俳句を作るという、この指導には、たいてい、いささかの違和感をもつでしょう。しかし、わたしの経験をとおしてみたところ、子どもたちには、これといった抵抗はなさそうです。

ここにこんな短歌があります。

空腹に泣く子をおきて征き果てぬ父よユミ子のコスモスが咲く

兵庫　青田綾子(「朝日歌壇」八四年九月二十三日掲載)

これは作者・青田さんの生活詠ではないと思います。ユミ子とコスモス、そして征き果てた父の三つがそろいますから、まちがいなく今西祐行氏の作品「一つの花」から発想されたフィクション短歌だといえるでしょう。

青田さんは小学校の教師か、あるいは小学生の母親か、そのいずれかだと想像されます。短歌にもこういう試みをされるかたのおられることを知って、物語俳句を手がけようとするわたしは、未知の青田さんに励まされました。

まだ「一つの花」を手がかりにして俳句の指導をしたことはありませんが、いずれそのうちにと思っています。この物語から発想した拙作には、前掲の句のほかに、

高い高いとゆみ子持ち上ぐとんぼの空へ

父を待つ母と娘のコスモスの家

コスモスの花柄エプロンよく似合う

「ごんぎつね」で作句入門をすませたあと、その他の物語教材を指導する場合も、読解指導に作句学習を付随させてみてはどうでしょう。想像的理解を豊かにすることができると思います。「ごんぎつね」は、目下、どの教科書も、四年生の二学期に学習するという形になっています。それを五、六年生が使うとなると多少めんどうですが、四年生に融通してもらいます。既習の教材ですし、次に述べるような気楽な生かし方にします。

第六学年国語科・学習指導略案

一九九二年一月二十九日
久喜市立久喜小学校
指導・青木幹勇

一、主題

物語を手がかりにして俳句を作る。

二、教材

「ごんぎつね」俳句、その他、子どもの俳句、手引き俳句など。

三、目標

物語(ごんぎつね)を読んで、その理解、想像を俳句に表現する。

四、授業について

❶ 子どもの俳句指導が広く行なわれている。しかし、それが国語の学習(指導)として正しく位置づけられているかどうか疑問である。

❷ 表現と理解の一体化は国語科学習指導のメインテーマである。俳句の学習および指導には、このテーマに即応し、効果を期待できる契機が内在する。

❸ しかし、この俳句指導は、目下のところ国語科の片隅におかれた付録的存在だと思われる。授業者は、今後の俳句指導について、新しい発想をもち、その発想を俳句指導に具体化すべく実験を試みてきた。

❹ おたがいに初対面、限られた時間その他、授業のための条件が整っているとはいえないが、あえてこの授業をとおして、新しい作句指導の提案を試みる。

❺ 俳句学習によって、読むことと、書くこと、作ること、すなわち理解と表現の一体化が、作句のうえにみられることを期待する。

五、指導の展開

学習活動	学習活動の支持
❶ 学習についての説明を聞く。	*学習のアウトラインを聞きとる。そして、なるべく早く緊張をほぐす。
❷ 知っている俳句を発表してみる。	*子ども俳句の隆盛について話す。
❸ 子どもの俳句を読んでみる。	*二、三句、子どもの俳句作品を読む。

❹ 俳句の勉強は……。

*読むこと

*作ること ── 見て作る／読んで考えて／想像を加えて 〉作る
(詠む)

*物語俳句作品例を読む。

❺「ごんぎつね」から俳句を引きだす。

*「ごんぎつね」の復習。

◉秋のこと。

◉季語を見つけて書く。

*俳句になりそうな場面はどこか。

❻ さあ、作ってみよう。

*手引きの俳句で導入。

*実作にはいる。

❼ どんな俳句ができたかな。

*各自、自由に展示。

*作品についてコメントする。

❽ 感想と評価。

*これという句を選んでみる。

❾ まとめ。

---

*俳句の学習は、読むことと、作ること。

作り方 ── 見て作る(写生) 〈 自然／生活
　　　 └ 読んで作る(思考、想像)──物語

*物語俳句作品例による導入。

*「ごんぎつね」の復習、簡潔に。

◉秋であることの確認。

◉季語を見つける。

*俳句になりそうな場面を見つける。

◉作る時間、さらには発表の時間をなるべく多くもたせたい。

*「作り方相談所」を構える。

◉自由に質問するように。

◉気軽にアドバイスする。

*各自、大きく書いて黒板に展示する。

*自作についてコメントする。

◉好きな句を選ぶ。

◉教師の評価。

中山様 お城 ごん いたずら 兵十	葬式 おっかあ	いわし屋 つぐない	念仏講 兵十 加助 ┆ 神様 引き合わない	火縄銃 青い煙 死
〈秋〉 秋晴れ とんがらし もずの声 すすき はぎ うなぎなど	秋祭り ひがん花	いわし くり 松茸	月夜 松虫(ちんちろりん)	くり

「ごんぎつね」の作品のほかに、もうひとつたいせつなのが、教師の作る手引き教材です。そんなもの、自分には作れないよという教師がいないとも限りません。少々ずうずうしい話で恐縮ですが、そういう人は、いちおうこの実験授業のなかにもちこんでいる、わたしの拙句を参考になさってください。

最初に指導略案を掲げましたが(80ページ)、展開はきっちりとこのとおり行なったわけではありません。ゆっくりていねいに指導しようとすると、四十五分授業なら、二回分くらいの内容が盛られていると思います。(だいたい❺のあたりまでで一時間、❻以後にもう一時間くらいをあてるといい。)

招かれていって初対面の子どもたちと授業する場合、二時間はもらえません。かといって、翌日というわけにもいきませんので、子どもたちの集中が切れないかぎり、ぶっとおし、六、七十分の授業はしばしばさせてもらいました。

くりかえしになりますが、こういう入門的な指導は、一回か二回行なえば、あとは折りにふれ、時に応じて、気軽に俳句づくりを授業に導入することができるようになります。

準備としては、指導略案の展開の部の下欄(半分)に書いてある「ごんぎつね」のストーリーの表を用意します。これは、長めの紙(二メートルくらい)に書いて、黒板に貼れるようにします。指導略案の表の下部に書いてある季語は、黒板の表には書かず、指導をすすめるなかで、子どもたちに見つけさせ、見つけた者が黒板に書くようにします。二つ目は、現代っ子の俳句二句、それに、教師の手引き俳句の二、三点を用意します。

知っている俳句をたずねる

まず導入部として、この時間の学習、つまり俳句を作ってみようという話をしてみます。ここでは、俳句というものは、こういうもので、こんなねらいで、こんな勉強をしますなどという、むずかしそうな話は避け、おもしろそうだぞと、子どもを学習に引きこむように配慮することがたいせつです。

といっても、子どもが俳句についてどのていど関心をもっているか、いくらかでもそれを知りたいので、まず子どもの知っている俳句をたずねてみます。これまでの経験では、こう聞かれてすぐに思い出せる句をもっている子は、思いのほか少ない。すでに教科書によって学んだはずの俳句でも思い出せない状況をみると、俳句指導は、いよいよお粗末で、付録的だなと考えさせられます。

子どもたちから一句も出ないこともありました。だからといって、子どもを責めるなどということは禁物です。

ここでちょっと、現在、子どもたちの俳句熱のさかんなことを話します。そして、現代っ子の俳句を一、二句、紹介してみます。

先生がたいいんしたよとんぼさん

赤ちゃんがよくわらうなあ春の風

「見て作る」と「読んで作る」

学習の心構えがいくらかできたところで、次のような板書をしながら、俳句学習のアウトラインを話しておきます。

俳句の勉強には、読むことと、作ること、の二つがあり、作り方には、見て作ると、読んで作る、という方向があるが、この時間は「読んで作る」勉強をしよう。

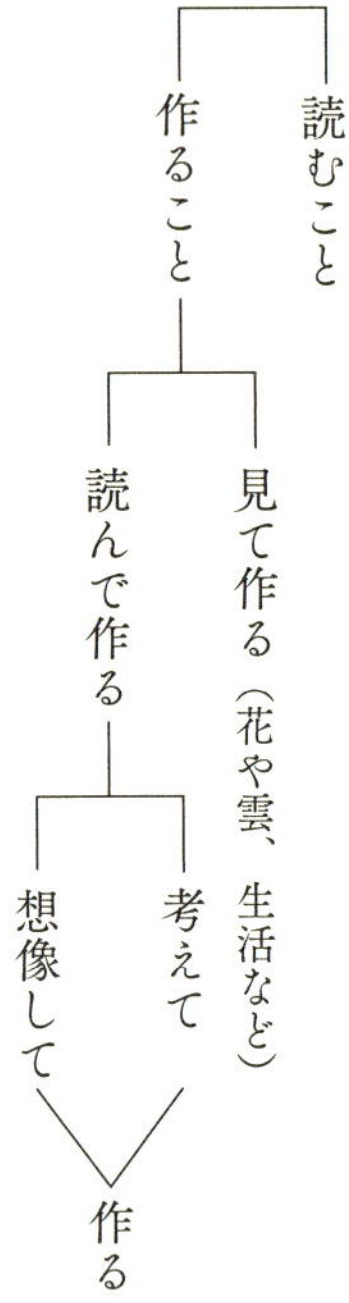

物語俳句を提示する

羽ふれて桃の花散る別れかな

コスモスをもらうお手々のごはんつぶ

神様のことなどにしてけしからん

こんな句をもちだして、作句の拠りどころにしている物語を見つけさせてみます。

「ごんぎつね」の復習をする

物語俳句を読んだあとは、次のように授業をすすめていきます。

「きょうは、わたしの考えた作り方で、作ってみることにしましょう。このやり方なら、だれもが、かならず作れます。その作り方はみなさんのよく知っている、あの『ごんぎつね君』に教わるのです」

❶「それでは、わたしの作ってきた材料で『ごんぎつね』をさっと復習してみましょう」

❷全体を読む時間はありませんので、随時あちこちを開いて拾い読みをすることにします。

次には、作ってきたストーリー表によって、簡単にあの物語を復習してみます。

(イ) 展開場面が六章に分かれていること。

(ロ) 登場人物、兵十、ごんぎつね、いわし屋、加助、その他。

❸事件——うなぎ泥棒、おっかあの死と葬式、いわし屋のいわしを盗んで投げこむ、兵十がなぐられる、償いに栗や松茸をもっていく。念仏講へいく、帰り道で兵十の述懐を聞く、火縄銃で撃たれる、兵十がごんの真意を知る。

ここまでの指導は、ゆっくりしたテンポですすめ、発問を連発せず、いくつかの場面は、事件その他、ストーリー表により、リレー式に話させてもよい。

「ごんぎつね」から季語を見つける

❶「この話は、春、夏、秋、冬のいつごろでしょう。季節がわかることばを見つけて、この表の下に書いてください」

❷黒板に貼ったストーリー表の下、たとえば「葬式」の下あたりに「ひがん花」を書く。（あらかじめ季語カードを作っておき、子どもたちが、それを該当個所に貼るようにしてもよい。）

❸「ずいぶんたくさん見つかりました。ちょっと読んでみましょう」

二、三人に季語を音読してもらう。

「これらのことばを読むと、ごんや兵十の村は、もうすっかり秋だということがわかります」

ここで、一つ一つの季語を少していねいに見直して印象づける。

「俳句を作るには、この、春、夏、秋、冬、つまりそれで季節のわかることばをつかまえることがたいせつなのです。ごんぎつねには、よりどりみどり、こんなにたくさん、そのことばが出ていますから、俳句を作るには、とても都合がいいわけですね」

「たとえば、火のようにまっ赤に咲く『ひがん花』と葬式の場面をつないで、

ひがん花葬列のかね遠くから

とやれば、もう一句できたことになります」

やがては「季語」ということば(概念)や季節感、季語の機能などについての指導も必要でしょうが、それはまたの機会にゆずり、ここではこの程度にしておきます。すでに季語についての学習をしていれば、それを生かします。

季語と場面をつなぐ

「黒板の表を見て、秋を感じることばを二つ三つ見つけて、ノートに書いてみましょう。そして、そのことばと関係のありそうな、事件とか、あたりの様子、ごんや兵十の動きなどをつないでみましょう」

たとえば、

「もずの声と青い空」

「ひがん花とお地蔵さん」

「兵十加助のかげぼうしと虫の声」など。

「このように見ていくと、この話のなかには、俳句になりそうなところがたくさんあるでしょう」

俳句になりそうなところを、何人かに発表させてみる。

欠落を埋めて一句にまとめる

❶ そろそろ作れそうだと思わせるところまで誘ってくることができたら、成功というところです。しかし、まだ依然として五里霧中の子どももかなりいるでしょう。そこで、次のような、クイズばりの作句遊びをしてみます。

❷

お城にひびく
もずの声

「上五のところへ入れることばを考えます。物語を読み返すと見つかるでしょう。この句をノートに写し、場面を想像して、欠けているところのことばを見つけるのです。ノートに書き入れた人は、何人でも黒板に書いてください」

❸ 意外に早く、「きんきんと」「雨はれて」「青空に」などの語を見つけて、黒板に書き入れる子どもが出てきます。

❹ はじめの五ができると、

きのうくり
□
両の手に

中の七音を欠落させた句を出してみます。これは、物語の三の場面ですが、「きのうくり」とありますから、ここを埋めることはさほどむずかしくはありません。

きょうはまつたけ
きょうもまつたけ
きょうもまたくり

など、おもしろくはいりました。

❺ さて、次はおしまいの五音節です。

月の道
兵十加助の
□

この句を掲出しました。三回目となると子どもたちもなれてきて、句についての注釈などはいりません。物語のなかのシーンと句を結んで想像し、

かげぼうし
立ち話
話し合い
帰り道

などの語が見つけだされます。

ここまでで作句のための助走ができたわけです。そこでいよいよ、自力でハードルを越えてみようという、句作の本番です。

句を作るといっても、ここまでのところでは、五・七・五の韻律、つまり定型についても、とくにとりあげて指導することはしていません。日本の子どもであれば、五、六年生にもなると、このような表現形式は、いつのまにかだいたい身につけているといえるでしょう。子ども俳句では、多少の字余りや、寸足らず、さらに、無季の句でも、許容していきます。そういう形式よりも、まずは、オリジナルな着眼、発想、詩的なイメージを書いてみることをすすめて、形にはこだわらなくてもいいことにします。

欠落(伏せ字)を埋めて一句にまとめる練習は、この場合だけでなく、ときどき試みてみるとおもしろいと思います。とりあげる句は、子ども俳句集から選んでもよし、子どもの理解のとどく、現代作家のもの、あるいは古典句をとりあげてみてもいいでしょう。自分でことばを斡旋《あっせん》してみると、原句の秀れていることがよくわかります。これも作句学習の一つです。

作句にとりかかる

❶ まず、ノートに書いてみる。

❷ その間、用意しておいた小型の画用紙、または半紙を配布します。句ができそうになったら、それをノートに書いてみます。そして、それを何度も読み、想を練り、表現を工夫して、まとまると、それを画用紙に大きな字で書き、黒板に貼ります。

❸ 教師は黒板の左隅あたりに 俳句作り方相談所 の札を貼り、そこで子どもの質問に答えてやります。

❹ 子どもたちが集中すると、十分もあれば、大部分の子どもは一句か二句を書きあげて黒板に貼ります。黒板はまもなく作品でいっぱいになります。

作品を発表する

❶ 出そろったところで、作品を読みあってみます。まず五、六人の子が、かわるがわる黒板の前に出て自作を読み、それに短いコメントをつけるようにします。

❷ この間、教師は作品に目をとおし、このあとの評価でとりあげるできのいい句や、共通の問題点をもっているものなどを、チェックしておきます。

❸ 五、六人の発表が終わると、その作品について何人かの意見や感想を聞きます。この発表と感想

を二、三回くりかえしたところで、教師の評価を聞かせます。

評価の対象にする句は、べつに取りだし、表現に即して評価をしてみます。

一九九〇年秋、大阪教育大学附属天王寺小学校で授業をしたときは、まず黙って、共通の問題をもっている五、六点を、黒板のなかほどに並べました。そして、

「ここに取り出した俳句には、どこかに似たところがあります。それを見つけてみましょう」

と全員に呼びかけました。

残念ながらこのとき取りだして並べた句の一つひとつは覚えていませんが、共通の問題というのは、「さびしい」「うれしい」「たのしい」というような心情語をナマのまま、無雑作にあしらった句なのです。ああだ、こうだと、二、三、試行錯誤はありましたが、そのうちに右の点に気づきました。

「俳句では、こういうことばは、むき出しに使わないことにする。さっき紹介した、『先生がたいいんしたよとんぼさん』の句には、どこにも『うれしい』とは書いてないね。しかし、この子がどんなに喜んでいるか、わかるでしょう。こういう作り方をするといい。

みなさん、『男はつらいよ』という映画をテレビで見たことがあるかな。（三、四人、手をあげた。）あの映画の主人公・寅さんの、よくいうことばがある。わたしのいまいったようなことを話すとき、寅さんならどういうだろう」

話しているわたしは、つい口がすべって変な横道にはいったな、こまったぞ、と思ったのですが、そのとき、目の前の子がそっと自信のなさそうな手をあげました。指名をすると、小さい声で、

「それをいっちゃあ、おしまいだよ」

といったのです。一瞬、会場が沸きました。

「そうだ、そうだ。これをいっちゃあおしまいなんだね。なぜおしまい、なぜつまらなくなるか、めいめい考えてください」

こんなところで、附属天王寺小学校での俳句を作る指導を終わりました。

どんな作品ができたか

あちらこちらでさせてもらった、作る指導の成果は、その場その場で子どもたちに返してしまいます。授業の直後、それを記録しておきたいと思うのですが、授業のあとには次のプログラムが用意されていて、それができません。担任のかたに頼んでみたこともありますが、たいていはそのままになってしまいました。ここには、写真に撮られているものなど、何句かをとりあげてみました。

ごんぎつね早く聞きたいもずの声

ごんの気も知らず兵十銃をとる

遠くまでまっかに咲いたひがん花

ぴかぴかのいわしを持ってごん走る

つぐないにそっとはこんだ山の栗

いわし屋さんゆるしてくださいひとにぎり

まつ虫の鳴き声ひびく村の道

子どもの作句感想から

次は、千葉市の幕張東小学校の五年生が書いてくれた俳句学習の感想です。右のような授業を、子どもたちがどのように受けとめたか。また、句作のなかで、どのように想像をめぐらし、それをどのようなことばで表現しようとしているか、子どもたちの創作過程を、なにほどかうかがえるかと思います。

古賀絢子

はじめのうちは、きんちょうしたけれど、だんだんおちついて、先生の話がわかりやすくなりました。

さて、私はもちろん、私の「はい句」が選ばれたときのことが、一番の思い出です。私は、「ぴかぴかのいわしを持って」まではすぐ思いついたのですが、次のことばがみつかりませんでした。

「兵十のうちへ」ではゴロが合わないので、いろいろ考えたり、ことばの順番を変えてみたりもしました。それは「いわしを持って」までは、なかなかよかったからです。結きょく「ごん走る」で調子が合うのでそれにしました。

それを出してみたら先生にほめられたので、びっくりしました。説明するときも、うれしいのと、びっくりしたのと、はずかしさで、かたことみたいにしか話せませんでした。

せきについて、ほおにさわってみると、すごくあつくて、むねはドクドクいっていました。大げさかもしれませんが、事実なんです。

「ぴかぴかのいわし」というのは、教科書にある表現です。この子は、それをうまく流用しています。中七の「いわしを持って」の「持って」はこの緊張した場面の表現としては、ちょっと弛《たる》んだ感じですが、下五の「ごん走る」で、その弛みがカバーされています。いわし屋のいないわずかの隙《すき》に、いわしを盗んで、兵十の家に投げこむ、その短い時間、ごんの緊張と、判断、敏捷《びんしょう》な行動が「ごん走る」に描けていて、初めての作品としては、上々のできばえといえるでしょう。この句は、このクラスで授業したあと、べつの学校でも参考作品として何度か使わせてもらいました。

飯塚　零

ぼくは、

「六地ぞうのかげからのぞくごんぎつね」

を書くとき、兵十をこっそり六地ぞうのかげからのぞく、ごんぎつねのことを思いうかべながら書きました。

はじめは、六じぞうのかげから見ているごんぎつねを考えてみたけれど、なんとなく、ふんいきがでないので、のぞくことにしました。

飯塚君は、六地蔵のかげから、葬列に加わっている兵十を見ているごんを想像して書いています。この感想、少しことばが足りませんが、「見ている」では雰囲気が出ない、つまりこの場合、漠然と見ているのではない。体を固くし、目を凝らして「のぞいている」のだというのです。つまり「見る」と「のぞく」の語感のちがいを気にしていることがわかります。この句の場合、まだ季語の云々は、問わないことにします。

小川直樹

先生、この間はどうもありがとうございました。ぼくは、

「そう列のなみだにゆれるひがん花」

と書きました。作っている間、いろいろ考えました。たとえば、ひがん花がふみ

折られて、ぐったりとしているところとかを考えました。
そう列とひがん花は、すぐ思いついたけれど「なみだにゆれる」は、なかなか思いつかなかったです。「なみだにゆれる」は、自分でもなかなかいいんじゃないかなんて思っています。

小川君がいっているように、この「なみだにゆれる」は、なかなかどうして、おいそれと子どもの発想しそうなことばではありますまい。あのまっ赤に燃える彼岸花が、涙でぬれているという想像ができたとすると、これは、かなり子どもばなれの「象徴的表現」といえるでしょう。といって、「なみだにゆれる」という感傷的な表現は、いささか気になりますが、この場合、そこまでは問わず、ほめておくことにしましょう。
俳句を作っていると、たまたまこういう思いがけない措辞に恵まれることがあります。作ったのではない、「授かった」のだといわれますが、まさにそんな感じです。物語に集中して、想像をめぐらしていると、五年生の小川君にも、はっと、こういうことばが授かったのです。

大網幸帆
私の作った
「すすきのほ月に照らされ光ってる」
というのは、兵十や加助が、おねんぶつにいく場面です。もう一つの

「かげぼうしふみふみ歩くごんぎつね」

という俳句は、自分で気に入ってしまいました。何だかごんがとてもかわいく思えてきます。

授業も、とてもおもしろくて、時間がすぐたってしまいました。

この、子どもらしい自作自讃にも心をひかれました。自分の作品に、作者が共鳴しています。想像によってあの物語に深く沈潜し、その想像のなかから生まれた自作、これを読み返しているうちに、物語のなかのごんの心情や行動が、深く理解されてきて、作者によくなついた愛くるしい小ぎつねに変わってきています。

小川君にしても大網さんにしても、物語から俳句を発想するおもしろさを満喫しているといえるでしょう。

四人が四人とも、ただの読解指導ではとうてい届けない理解の悦びを味わっています。ここには確かに、これが表現と理解の一体化だといえる学習がうかがわれます。

俳句学習でことばをみがく

以上、ここに掲げた子ども四人の作句経験記録は、わたしにとっても、学習指導の貴重な記録です。書かれたものは短く、内容もさほど傑出したものではありませんが、作句(言語表現)に臨む子どもの表現活動、さらにはその内面に動く創作心理の一面を具体的に語ってくれています。これもいわゆる感想という種類の文章でしょうが、それは子どもたちがしばしば書かされている、通り一遍のそれとはかなりちがっていると思います。

（1）まず、作句への取り組み方が意欲的です。どの子も、なんのためらいもなく、没入しています。このことは、この子どもたちばかりでなく、毎回経験することです。ふつう、作文の時間ですと、書くことがない、どう書こうか、なかなか筆が動きません。

（2）俳句を作るのは初体験の子どもたちばかりなのに、俳句の表現形式をそれとなく心得ています。たまには指を折って音節を確かめている子もいますが、ほとんど自然に五・七・五のことばが、つぎつぎとえんぴつの先から生まれでてきているようです。日本語の先験的リズムとでもいうのでしょうか。低学年でもなかなかの句が作れるところをみると、五・七・五の日本的韻律は早いうちに血肉化しているのかもしれません。その点、子どもにとって有利な詩型だといえそうです。

（3）俳句を作るという言語活動が契機になって、物語の世界へめいめい独自な想像を注ぎこみ、あるいは掘りおこす。そのような言語行為によって、思いがけないイメージが描け、それが句の姿に形成されてきています。

飯塚君が「見る」と「のぞく」のちがいを見つけたのも、小川君の「なみだにゆれる」の発見も、たんなる読解からは生まれてこない表現で、作句をとおすことによって、この子の目には、なみだにぬれて、ゆれ動いている彼岸花が、ちゃんと見えているのでしょう。

さらに大網さんは、

かげぼうしふみふみ歩くごんぎつね

と書きあげた自作を読み返すと、「何だかごんがとてもかわいく思えてきます」と書いていますが、兵十と加助の二人につかず離れず後ろについていくごんぎつねを、きわめて具象的にイメージしている心情がうまく語られています。

（4） もう一つは、ことばの選択です。古賀さんは、

ぴかぴかのいわしを持ってごん走る

の上五と中七はすっとできたが、下五ができない、「兵十のうちへ」としてみたが、ゴロがわるい、つまり字余りで、リズムが整わない。語順を変えてみたが、うまくない。結局、「ごん走る」で調子が合ったといっています。

わたしにほめられたよろこびを書いていますが、この「ごん走る」で、この句が画龍点睛《がりょうてんせい》を得たといえるでしょう。まごまごしていては、いわし屋だけでなく、そこらにいる人に見つかります。まさに命がけの償いの行為です。電光石火の「走る」でなければなりません。

同じようなことは、小川君の「なみだにゆれる」にもいえるでしょう。一見、子どもらしくない措辞ともみられますが、葬列に踏まれていく彼岸花をどう書くか、苦慮しているうちに、「なみだにゆれる」が見つかったというところでしょうか。

古賀さんは「ごん走る」というすわりのいい躍動的な語を発見しました。しかし、自分にこの語のよさがほんとうにわかっていたかどうか。飯塚君は「見る」と「のぞく」のちがいをはかって、表現効果を高めています。

小川君は、『「なみだにゆれる』は、なかなか思いつかなかったです。……自分でもなかなかいいんじゃないかなんて思っています」と、語の発見を喜んでいます。

国語科の学習内容の一つに、「言語感覚」があげられています。「言語感覚」の指導を目標に掲げた授業はしばしば見せてもらいましたが、その授業のなかで、なるほどとうなずける的確な指導の場面を見たことはまだありません。作句の学習は、右の事例でもわかるように、子どもたちを、ことばと四つに組ませてくれるのです。

教室内での会話、対話のなかにもそういうことの学習や指導の機会はたくさんあるはずですが、多くは見すごされているのでしょう。言語感覚の指導は、まだいまのところ、お題目の域をあまり大きく出てはいないようです。

俳句を作ることは言語感覚の学習にとってもなかなか有効な場であることを、右の子どもたち四人は、きわめて鮮明に示してくれているといえるでしょう。

俳句学習の世界を広げる

物語を手がかりにして俳句を作ってみるという指導について、縷々《るる》述べてきました。

わたしの発想によるこの物語俳句、つまり俳句の入門指導は、これならいけるという、いちおうの目安がたちました。

他方、物語を読む学習に俳句を導入すると、どうでしょう。知的、表面的理解ではない、より豊かで、個性的な理解、さらにはことばに対する柔軟な反応を期待できることもわかってきました。これは、まさに国語学習における表現と理解の一体化です。この点、わたしの指導は、俳句は写生からという志向とはかなりちがいます。

しかし、俳句の学習を物語教材の世界に閉じこめておくことは許されません。俳句は、古来、森羅万象を詠んできました。子どもたちの俳句も、そちらへ広げてやらなければなりません。

といって、限られた国語の時間、多様な指導内容、そこへ俳句学習をどう組み入れるか、なかなかむずかしい問題です。そこで考えました。

1

物語教材の指導にあたる場合、予定した指導時間のなかへ、作句の時間を設定します。ただし、それには、その物語が作句の学習と同調するかどうかを判断しなければなりません。が、要は、せっかくの俳句入門の学習を一回こっきりに終わらせないことです。

すでに述べたように、物語への俳句導入は、作句にとっても読解にとっても、まちがいなくプラスになる学習です。十時間〜十五時間の物語指導のなかへ、俳句学習の一、二時間を割りこませることは、さほどむずかしいことではないでしょう。

2

もう一つは、物語にこだわらない俳句学習に、子どもを近づけることです。

それには、まず現代子ども俳句の、上質な作品を読ませることがとりあげられます。週に一、二度、四、五句をプリントして配り、これをファイルさせて、短い時間に、読んだり解釈したりして、関心をつないでいきます。

プリントはめんどうだ、続かないという教師は、毎日、子どもが帰ったあと、黒板の左隅に、一、二句、板書しておきます。これなら二、三分でできます。一、二週つづけたら、俳句の好きな子どもか、日直当番に、この掲示をまかせます。すでに紹介したような、教材集を用意しておけば、一年くらいはタネ切れになることはないでしょう。黒板(もしくは短冊)に書いた俳句は、一日のうちの始業前、国語の時間、給食時、下校時のどこかで、五、六分くらい、音読、解釈、鑑賞のかたちでとりあげることにします。

右の掲示句はときどき伏せ字つきにしておくのもおもしろいと思います。下校時に伏せ字の埋まった句を発表させたり、原句を示したりして、俳句を楽しむのです。

そのうちに、クラスで生まれた作品を掲示するのもいいでしょう。

3

ときには、二句か三句を並べて板書しておき、時機をみて、どの句がいいか比べさせてみます。これは、歌合わせになぞらえていえば、句合わせです。そのねらいは、俳句になじませるとともに、評価、鑑賞力を育てるところにあります。

4

三つ目は、「題詠」による作句学習です。たとえば、「お年玉」「凧あげ」「鯉のぼり」のような子どもの生活につながりのある題(季語がいい)を出し、教室に備えつけたポストに、半月ぐらいの期間をおいて、自由に投句させます。係が句の整理(プリント)をして、適当な日に句会をするのもおもしろい。

5

こうして、物語俳句、掲示した句、句会に投句された作品など、字のうまい子の何人かに清書させ、コピーさせて、一年に二回くらい句集を作ったらどうでしょう。こういうことが手軽にできるのが、短詩型俳句のよさでもあります。俳句は短小でも、ことばの学習価値はけっして小さくはありません。小さくしてきたのは、これまでの教科書であり国語教室ではなかったでしょうか。

このように書くと、俳句にかかわりっぱなしのように感じられますが、みんな短い時間の積み重ねです。つまり継続です。俳句の生活化です。それができるのも俳句指導の特色です。一年たった三月には、子どもたちめいめいが、自作の句集を手にすることができます。この子どもたちが、その担任を離れて俳句に遠ざかるか、蒔《ま》かれた種が芽をふき、枝や葉を繁らせるか、小さくて大きな国語学習であることは確かです。

コスモスを
もらうお手々のごはん粒

ぴかぴかのいわしを持ってごん走る

きのう栗
つぐないこめて
両の手に

第四章 授業記録・俳句を作る

◉知っている俳句を発表する◉「見て作る」と「読んで作る」◉「ごんぎつね」の復習をする◉「ごんぎつね」から季語を見つける◉季語と場面をつなぐ◉欠落を埋めて一句にまとめる◉作句にとりかかる◉作品を発表する◉俳句づくりのすすめ

この授業記録は、一九九二年一月二十九日に、埼玉県久喜市立久喜小学校六年一組で授業をしたときのものです。記録をまとめてくれたのは、担任の皆川要吉先生です。——青木

知っている俳句を発表する

青木——俳句の勉強を……。俳句の学習をしてみましょう。（「俳句／の／学習」と板書。）

俳句の勉強は、もう、一学期にやりましたね。

一学期にやった俳句でもいいし、そのまえに覚えていたのでもいいし、そのあとでぼくはこういう俳句を知ったというのでもいいし、自分の作った俳句でもいい。わたしの知っている俳句、それをノートへ書いてみて……。（子どもたち、ノートに書きはじめる。）

子どもたち——なんでもいいんですか。

青木——なんでもいい。だれの俳句でもいい。さあ、一分ぐらいで、だいたい一人一つできればいいでしょう。

思いつかない子どもは周囲を見まわしている。落合は教室後方の俳句の掲示を見て、すぐ書きはじめた。そこには「ランドセル六年使ったあとの傷」の句が貼ってある。

青木——はい、そこでやめましょう。

できなかった人、ちょっと手を挙げてごらん。一句も思いつかなかった人？（約半数が挙手。）

時間が短いからね。はい、できなかった人は、いまからでもいい、思いついたのを書いておきましょう。

できた人、この列、ずっと読んで。

小野寺――「古池やかわずとびこむ水の音」。

青木――つぎ、どうぞ。

落合――「ランドセル六年使ったあとの傷」。

青木――ああ、教室の後ろに書いてあるね。「ランドセル六年使ったあとの傷」か。ははあ。はい、その後ろ。

大前――落合さんと同じで「ランドセル六年使ったあとの傷」です。

青木――これを作った人はなんていうの。作者、ちょっと立ってみてください。ここに作った人はいないの?

子どもたち――あのう、『俳句のひろば』という本に……。

青木――ああ、そうか。はい、そのつぎ。

間下――「雨あがりキンキンひびくモズの声」。

となりの席の折原が「それ、『ごんぎつね』の俳句じゃないの?」と、そっと間下に話しかけていた。つぎの松本も「ごんぎつね」に取材した俳句を発表した。松本の妹は、昨年度、青木先生の授業を受けている。そのとき、先生は「一つの花」から発展し、俳句づくりの入り口を示したのだが、松本はそのときの俳句を事前に調べていたようだ。

青木――つぎの人。

松本――「ごんぎつねうなぎのつぐない栗の山」。

青木――えっ。(松本、くりかえす。)はい、わかりました。

もう一列、聞いてみようか。はい、この列、どうぞ。

吉田――（少し笑いながら）「名月やああ名月や名月や」。（あちこちからくすくす笑いが起こる。）

久喜小の近くには「名月酒造」という古い酒屋さんがある。子どもたちは五年生の秋、郷土を描く写生会のおりに、そこを描いている。吉田は「名月酒造」にヒントを得たようだ。

青木――（ほほ笑みながら）もう一度言ってごらん。（吉田、くりかえす。）「松島や……」というのはある。松島を名月に取り替えたのね。いいでしょう。はい、つぎ。

黒須――カルタにあるんですけど、「朝露にカッコウの声が濡れている」。

青木――「朝露にカッコウの声が濡れている」。はい。

広木――「雀の子そこのけそこのけお馬が通る」。

青木――いまの句と、この人が読んだ「古池や……」の句、これは古いね。江戸時代の俳句だね。はい、その後ろ。

荒井――「名月や名月や名月や」。（またしても、笑い声。）

テレビ漫画「サザエさん」のなかで、波平が「秋の句にこういうものがある」といって家族に教えていた。荒井はこのときの句を覚えていた。ちょうどこのころ放送されたようだ。「ああ、これも俳句なのか」と思いながら、荒井はこの授業を待っていたのだろう。

青木――ほう。そういう句もあるのかね。その後ろ。

橋本――「ランドセル六年使ったあとの傷」。

青木――わかりました。

あんがいたくさん知っていましたね。きょうはいろいろな句をとりあげて勉強できたらと思います。とくに、あの句をみんな知っていたのはびっくりしました。いままでどこの教室にもありませんでした。あの句（教室に掲示してある句を指さして）だったかな。

九二年版『俳句のひろば』から気に入った句を、日直にあたった子が選び、短冊に書いて発表するということを、三学期になってからやっている。十点ほどたまったなかから、担任が「秀作はこれだ」のコーナーに選びだす。子どもたちのなかには、そこから選んで書いた者もいた。青木先生はその掲示物を見つけて話した。

青木――どなただったか、『ひろば』というものに載っておったといったね。俳句の本。だれだったか、それを教えてくれた人。

小野寺――（手を挙げる。）

青木――ああ、きみか。『ひろば』という本にたくさん載っていますが、あれは古い句ではなく、大人の句でもなくてね、みんな子どもの句なんですね。日本中のたくさんの子どもが俳句を作りはじめた。

昔は、俳句を作るというのはわたしみたいな年寄りか、あるいは何かひまな人か、生活にゆとりのある人、あるいはちょっと変わっているというような人に俳句を作ることが多かったかもしれません。いまは子どもが俳句を作りはじめた。昔は子どもなんて俳句を作りませんでした。それからもっと大勢つくっているのがお母さんがただそうですね。

俳句を作っているのは子ども（「子ども」と板書）。お母さんがた（「主婦」と板書）。こういう人たちが俳句を作りだしたので、そうねえ、人数を勘定すると、もう何百万という人が俳句を作っているそうです。

人数が多くなっただけではなく、その子どもの俳句がたいへんすばらしくなってきたのね。いま、みなさんの話を聞いているとね、わたしの知っていることとたいへんつながりがありますが、この組で炎天寺というところへ俳句を送った人があるそうですね。どの人？・（炎天寺についての新聞の切り抜き〈八九年四月二十一日、読売新聞朝刊〉を示しながら。）

いない？・（みんな顔を見合わせながら手を挙げようとしない。）

じつは、全員が応募している。しかし、自分が応募した句を覚えていない者もおり、「どんな句？・」と問われるのを恐れて手を挙げることができなかったようだ。

青木――炎天寺というお寺へ俳句を送った人。

おずおずと渡沼が手を挙げる。今年、炎天寺の「俳句大会」で秀逸賞に選ばれた。秋の表彰式には久喜小を代表し、親子で出席した。

青木――ああ、きみか。はい、きみ、自分の送った俳句を覚えてる？　ちょっといってみて。

渡沼――「赤トンボ夕日と交信明日は晴れ」。

青木――夕日と？

渡沼――交信。

青木――「こうしん」というのはどういうこと？

渡沼――何かいっていること。

青木――ほう、何か伝えようとするの？（渡沼、うなずく。）ほう。「赤トンボ夕日と交信」？（渡沼「明日は晴れ」。）「明日は晴れ」。うまいねえ。

先生は「うまい」を高い声で、いかにも感心したようにいわれた。渡沼は、炎天寺の賞状のほかに、輝かしい勲章をもらったような大満足の表情であった。

青木――これは炎天寺のね（資料の新聞の写真を見せながら）、お寺の坊さんなんですよ。この坊さん、洋服を着ていますけどね。このお寺の坊さんがいま大将になって、日本の子どもたちがこのお寺に送ってきたたくさんの俳句を調べて、いい俳句を一冊の本にして出していますね。

これも炎天寺で出した本なんです。（本を見せる。）これ、見たことある？　ないかね。これもたくさん子どもの俳句が載っています。おととし、このお寺に寄せられた俳句がね、十七万もあったそうですね。もう、去年あたりでは二十万を超えているだろうと思います。

その子どもの俳句がたいへんうまいのでね、わたしももういっぺん俳句の勉強をしなおすという、そういうつもりでやってきました。

「見て作る」と「読んで作る」

青木――きょうはひとつ、みなさんと俳句を勉強しようと思いますが、俳句の勉強には二つあると思うんです。

一つは、俳句を読むということ。（「俳句の学習」の下に「読む――わかる」と板書。）ね、俳句を読む。読んで、わかるということとね。こういう勉強が一つある。だから、きみたちが一学期にやったのは、教科書に載ってる俳句を、主として読んで、それがわかった、というような勉強をしたんじゃないかと思うんです。

教科書のあそこにも、なかなかいい俳句が載っていましたね。持っていますか？　ちょっと貸してみて。（前列の吉田が教科書を取りだし、先生に差しだす。）

このなかに載っているので覚えているのがありますか？（受けとった教科書を見ながら）何ページだったかな。「短歌と俳句」ですから、俳句のほうでは「春の海――」とか「山路きて――」とかね、新しいところでは「赤とんぼ筑波に雲もなかりけり」というような句の、読む勉強なんですね。

もう一つは、どういう勉強でしょう。

子どもたち――はい。（すぐ数名、手が挙がる。）

青木――はい。

津野――俳句を考えて、作ることだと思います。

津野はたいへんおとなしい子だ。きちょうめんなため、視写もていねいすぎて速く書くことができない。発表も深く考えすぎてうまくまとめられないため、得意ではなかった。しかし、去年から自分を変えようという気持ちがみられ、意欲的に児童会の役員を引き受けたり、授業中も手を挙げる回数が増えるようになってきた。きょうも積極的に参加しようとする姿勢がみられる。

青木――はい、あなたは?

広木――えっと、ぼくは津野さんと同じで、俳句を考えて作ることだと思います。

青木――作るということだね。読むと作る。(「作る」と板書。)わかるためには、やはり考えるということもやるわけね。(「読む――わかる」の側に「考える」をつけたす。)どういうことが書いてあるんだろう。何をこの人は、俳句に詠みたかったんだろうというように、考えることもやる。

で、作るほうもね、二種類あるんですね。一つはね、きみが作ったように(渡沼のほうを見て)、赤トンボをじいっと見てる。向こうのほうに夕焼けがしてきたのを見ておって、あの句ができたんだろうとわたしは思うが。見るという作り方ね。(「作る」の下に「見る」と板書。)俳句を、見て作る。俳句になる材料をよく見て、作る。もう一つはね、見るということよりも、想像をして作る。(「作る」の下にもう一つ「想像」と板書。)実際に目の前に作る材料がなくても、自分で想像して、作る。

見て作るのと、想像して作る。(「見る」を「見て作る」に、「想像」を「想像して作る」に訂正して板書。)こういう作り方がある。

ところでね、この教室にも、よく見れば俳句の材料になるものがある。たとえば、ストーブなんていうものも、俳句の材料になると思うんですけども、みなさんが「これは俳句にしたい」というものはちょっとなさそうなのでね。(黒板「想像して作る」を赤でかこむ。)この時間は、こちらのほうをやろうと思うんです。

さっきだれかがちらりといいましたが、これだったらね、材料がなくても作ることができます。じゃ、何を想像するのかというと、文章に書かれたお話ね、物語を材料にして、やろうというのです。（「物語」と板書。）

物語を材料にして作るという作り方、これはねえ、自慢をすれば、わたしが発明した方法です。学校で、教室で俳句を作る作り方に、これ（板書「見て作る」）もあるけれども、これ（板書「想像して作る」）があってもおもしろいだろうと考えました。

で、そのお話、物語に何をもってくるか。きみたちがいま勉強しているのは、どういうところ？　物語をやっている？

小野寺――「西風号の遭難」です。

（授業の導入段階を終わり、身を乗りだすようにして話を聞いている男子の姿がたくさん見られる。）

「ごんぎつね」の復習をする

青木――（教科書を手に取って「西風号の遭難」を見て）これを材料にして俳句ができないことはないですけれどもね、ひじょうに作りやすい物語があるので、きょうはそれをやろうと思います。

みんなが用意してくれた「ごんぎつね」を材料にしてやります。「ごんぎつね」というお話を、物語を材料にして俳句を作ろうというわけです。（「ごんぎつね」を復習するための掲示教材を用意する。）

「ごんぎつね」を、これからぜんぶ読むということになると時間がかかりますので、ひじょうに早く「ごんぎつね」のおさらいができる材料をもってきました。これを見ると、「ごんぎつね」の勉強のおさらいがパッとできるというわけです。（教材を掲示する。）

「ごんぎつね」は、1から何番までに分けられている？

子ども――6です。

青木――6番ね。（巻き物式の掲示教材を少しずつ開きながら説明していく。また開きながら、黒板に磁石で貼っていく。）

1番目は、中山様のお城の近所に、ごんぎつねといういたずらのこぎつねがいたこと。兵十という人間も住んでいて、うなぎやふなどをとって、お母さんの病気をなおしてやりたいと思っていること、などと書いてあったね。1番はかなり長く書いてある。

それから2番目は、お母さんが亡くなって、お葬式だ。

3番が、いわし屋がやってきて、いわしを売ったり、それから兵十が昼飯をぶつぶついいながら食べている、というような場面ね。

それから4番と5番が、念仏講に兵十と加助、二人で行く。行きが4番で、帰りが5番。神様のことなどにしてけしからん、引き合わない、てなことを、ごんは思う。

6番目が悲しい場面で、ごんの心がわからなくて兵十に火縄銃で撃たれた、ところ。

わたしが全部おさらいをしましたが、じつは、みなさんに話してもらって復習をすればと思いましたけれども、時間がないからね。1番から6番までだね、これは。

横に長い巻き物風の掲示教材なので、貼り方が少し曲がってしまったのを、ここでちょっと直した。

青木――これはね、ひじょうに俳句に作りやすい物語ですよ。まず、俳句を作るきっかけを見つけてみようと思います。

「ごんぎつね」から季語を見つける

青木――これは秋のことだと書いてありますね。俳句でひじょうに大事なのは、秋のことなのか、夏のことなのか、そのまえの春のことなのか、現在わたしたちが生活しているこの冬のことなのか、その春夏秋冬、それからもうひとつ、お正月だけは別にすることがありますが、どういう時季のことなのかということが大事なのね。

で、秋のことですから、秋が来たんだということを表すものが、この話のなかには出ているはずですね。「ここに、秋が来ている」「ごんや兵十の生活の周りにもこんな秋が来ている」「この城下町、中山様のお城の下には秋が来ている」、その、「秋が来ている」「これがあるから、これがいま見えるから、秋だ」といえるものがたくさん出てきていますね。

はい、たとえば、どんなもの。

子どもたち――（「はい！」という元気な声とともに、すばやくあちこちで手が挙がる。女子も数人、挙手。）

青木――じゃ、あなた。（後ろのほうの女子を指名。）

小田中――はい、「もず」だと思います。

青木――「もず」が鳴くね。あれは、このへんかな。（横長の掲示教材の下、1の場面のあたりを指す。）わたしが書いてもいいですけどね、見つけた人は、前へ出てきてね、その秋のものが出てきた場面の下へ、そのことばを書いてごらん。はい、どうぞ。（「はい」と手を挙げるが、「出て」ということばに、すぐ男子が五人出る。吉田、小野寺、篠崎、岡本、森田。）

子どもたち―もず。すすき。ひがん花。くり。まつ虫。（それぞれ、掲示教材の下に書く。）

青木―まだ出てきてやっていいよ。（同じメンバーが出てくる。）

子どもたち―まつたけ。秋祭り。はぎの葉。月。（それぞれ、書く。）

先生は、教科書を調べている子どもたちを見て、「教科書を見るのはいいね」と声をかける。「教科書を見なさい」とはいわない。教師はどうしても「～させよう」という気持ちが強く、認めたりほめたりすることばは少なくなる（それはいけないとわかっているのに）のだが、先生は「……はいいね」とさらりという。いわれた子どもはうれしい。ほかの子も「あ、そうだ。教科書を見てみよう」と気づき、学習に向かう。

青木―先生が勘定したのでは十二ぐらいあったと思う。（黒板に書いてあるのを「一、二、三、四……と数えて）十か。（子どもたち「まだある」。）うん、まだあるかな。

子ども―いわし。

青木―（書いてあるのを見て）うん、これ、「いわし」もそうですね。（「いわし」と板書。）俳句では、「いわし」を秋のものではなく、夏のものにしてあるようです。それから「まつ虫」ね。松虫は何と鳴く？

子どもたち―チンチロリン。

青木―「チンチロリン」ということばも、これは（黒板に「チンチロリン」と書き）、秋のものとすることができる。まつ虫とイコールにしよう。（「まつ虫」と「チンチロリン」を＝で結ぶ。）さあ、そんなもんかな？　こんなにたくさんね、秋のものが出てきています。

子ども―「菜種がら」もあります。

青木――「菜種がら」もそうです。それから、「とんがらし」も出ているね。

子ども――「くり」。

青木――「くり」はやっちゃった。「菜種がら」、これはめずらしいね。（「なたねがら」と板書。）「菜種」から油をとった「から」だね。「とうがらし」といわずに「とんがらし」と書いてあるね。（「とんがらし」と板書。）

子ども――あと、「いも」。

青木――「いも」ね。「いも」にはいろいろあるから、どの「いも」にするか。ただ芋といったらどうだかな。上と下の文章との関係で、その「いも」が秋の芋かどうかがわかる。でも、いいでしょうね。「いも」はどのへんに出ておったかな。（「いも」と板書。）

子ども――いちばん最初のところです。

青木――はい。この、秋のものだということがね、俳句を作るきっかけとなる。たとえば、これなんかは秋の代表ですね。秋の花といったら「ひがん花」（「ひがん花」に赤線をひく）、この花が咲いたら、ほんとうに秋が来たという感じがしますよ。

だから、「何とか何とかひがん花」（「……ひがん花」と板書）とやれば、もう俳句になるわけです。上に持ってきて「ひがん花何とか何とか何とか」とやれば、もう俳句になるわけです。たとえば、「ひがん花地蔵のかげでごん見てる」とかね、もう俳句にだんだんなってくる。

季語と場面をつなぐ

青木――えーとね、わたしの作った俳句があります。これはどの場面を取りだしたのか、ちょっといってもらいましょうかな。（参考にする俳句を、三句用意する。そのうち一句を児童に示す。）

いっしょに読んでみてください。

子どもたち――（斉読）「にごり川／あみにはうなぎ／ふななまず」。（声がちょっと小さかったため、「もういっぺん」の指示でくりかえし読む。二度目はぐんと声量も出た。）

青木――これだって俳句だね。あんまりうまくはないけれども。これはどこかというと……、ここだな。（「一の場面の季語」を書いたところの下に貼る。）

はい、つぎのをちょっと見てもらいましょう。（二枚目の俳句を取りだす。）はい、どうぞ。

子どもたち――（斉読）「ふみ折られ／いよいよ赤い／ひがん花」。

青木――どこでしょう。

子どもたち――「2」「2番目の」「葬式」

青木――そうです。（2の場面の下に貼る。）

もう一ついこうか。はい。

子どもたち――（斉読）「虫の声／ふんでふたりを／ぬすみ聞き」。

青木――何番？

子どもたち――「5」「5の場面」（5の場面の下に貼る。）

青木――うん。というようにやればだね、いくらでもできそうです。そこでさっそく、作ることにはいってみましょう、みなさんで。

欠落を埋めて一句にまとめる

青木――物語をみんなよく知っているから、これならできるというものを（といいながら、手引き俳句を用意する）、わたしが少し作ってきましたから、それを見て、俳句に仕上げてもらおう。欠けたところへことばをはめればいいわけね。さあ、めいめい作ってみてください。（手引き俳句を貼る。）

□　お城にひびく
　　もずの声

ここ（上五の部分）が欠けているのね。あとはできているんです。「お城にひびくもずの声」だから、ここへ何か入れればいい、という練習です。

はい、自分でこれをちょっとノートに写して、「お城にひびくもずの声」の前にことばを入れる。はい、どうぞ。（手引きは黒板に粘る。）

「どうぞ」の合図と同時に子どもたちはすぐ書きはじめる。十秒ほどでもうできた子がいるようだ。

青木――できた人はここへ出てきて、入れてください。

すぐさま男子四人が出てくる。出てきたものの、どのように書けばいいかわからない様子。先生は「うん、黒板に書くの。そうそう」「チョークは白でよい」「はい、どんどん書いて」と、細かく指示する。

初めに出てきたのは、林、黒須、広木、森田。

林のは黒須が書いたものと同じだったため、にこにこしながらもどる。林はガキ大将的な存在で、影のまとめ役だ。書くことは苦手で、ノートも白いままの部分が多い。ふだん、授業では積極的とはいいがたいのだが、きょうはさっと出てきた。林の名前は「欣也」という。みんなに「キンピ」という愛称で呼ばれている。キンピが「キンキンと」を思いついたのはおもしろい。自分の名前にヒントを得たのか、先ほどの間下の発表を覚えていたのか。森田は習字には自信がある。「風にのり」と大きく、ゆっくり書いた。

篠崎も出ようとしたが、広木が「雨あがり」を書いたのを見て、「あ、書かれた」といいながら席にもどる。

篠崎は二回目に出てくる。二回目は篠崎のほか、小野寺、佐藤、吉田。

青木――後の二行（中七、下五）から一行目（上五）を呼びだすわけね。自分の名前をいっしょにつけて書いておいてね。あっ、いうの忘れた。きみ（森田を指す）が一人で書いて。

森田はみんなのほうを見て、書いた友だちを確かめながら書いている。その間、先生は黒板に書かれたことばをじっと見ている。

青木――はい、ここまでにしましょう。（全部で七人の児童が出て書いた。すべて男子。）

うまいねえー。先生が指しますから、読んでください。はい、どうぞ。

子どもたち――（斉読）「キンキンとお城にひびくもずの声」（黒須・林）

青木――はい。

子どもたち――（斉読）「雨あがりお城にひびくもずの声」（広木）

青木――うん。

子どもたち――（斉読）「風にのりお城にひびくもずの声」（森田）

青木――つぎはこれか、はい。

子どもたち――（斉読）「空青くお城にひびくもずの声」（小野寺）

青木――はい。

子どもたち――（斉読）「晴れ空にお城にひびくもずの声」（篠崎）

青木――（少し笑みをまじえて）はい。

子どもたち――（斉読）「空からりお城にひびくもずの声」（佐藤）

青木――うん。

子どもたち――（斉読）「秋の空お城にひびくもずの声」（吉田）

竹の短い棒（先生は「鞭《むち》」といっている）で指しながら斉読させる。

青木――うん。わたしもほうぼうの学校でやってみましたが、（黒板を指し）これ（「キンキンと……」）はよく出てくるんですね。

「雨あがり……」も出てくる。これは、あの文章を読むと、穴蔵のなかにはいって、雨のなか何日も閉じ込められて、くさっているときに、もずの声が聞こえて、外へ出てみたら、とてもお天気がよかったということだね。

これ、めずらしいね。「風にのりお城にひびくもずの声」。

「空青く」、秋ですね。

「晴れ空に」、あまり聞かないことばだけどね、まあ、わかる。

これ、いいですねえ。「空からり」。晴れている様子が、ひじょうに、この「からり」で強く出てるね。

「秋の空」というのは、どうかな。もう、もずが秋を表すことばだから……。（篠崎が先生に「季語が二つ」と話しかけたのに対して、先生は「うん、そう、重なっているのね」「季語が二つになっている」と答えて。）これ、季語ね。（「季語」と板書。）もずの声は、きみがいったように、季節のことばなので……。季語ということば、これを使えばたいへん便利がいいね。季語はなるべく一つの俳句では一つ使うというような約束があるんです。

これ（「□／お城にひびく／もずの声」）はよくできました。


今度は「中の七音」を抜いてあります。（二つ目の教材を用意する。）

きのう栗
□
両の手に

「きのう栗／何とか何とか／両の手に」、両方の手に。まあ、きつねの手はこういうふうに広がらないだろうと思いますが、持てるだけ、こういうふうに胸にあてて、ということだね。

きのう、栗を両方の手に持ってきた。ここ（中七）へ入れてもらえばいい。はい、どうぞ。

できた人は来て入れてください。

野房弘義が出て、書きはじめる。野房は活発に学習するほうではない。文字を書くのも苦手で、読む者を苦労させる。しかし、きょうはひじょうに意欲をもって参加している。

青木――女の人、どう？

女子は書けているのだが、なかなか出てこないので先生は声をかけた。ノートに書けた子は、「出ようか、どうしようか」と迷っているような表情で、黒板に出て書いている友だちを見ている。間下や松本はひじょうに出たがっているように見える。

青木――さ、これぐらいにしておくか。えーと、きみ、一人で全部読んで。あれ（子どもたちが書いたことば）を入れて。（吉田に指示棒を持たせる。）

吉田――「きのう栗たいへんそうに両の手に」（野房弘義）

青木――はい。

吉田――「きょうは松竹」。（ここで、子どもたちから笑い声がわきおこる。）

教材文は黒板に向かって左手に貼られており、子どもたちが書いたことばはその右手に書かれている。右から読むのが読みの習慣なので、吉田は右側の「中七」から読んだ。そのまちがいに対しての笑いだったが、「やはりまちがったな」という、ちょっぴり共感的な笑いでもあった。実際、いくぶん読みにくかった。

吉田――「きのう栗きょうは松竹両の手に」（黒須）

青木――そう。

青田――「きのう栗まつたけいっぱい両の手に」（吉田）

青木――うん。

吉田――「きのう栗明日はまつたけ両の手に」（篠崎）

「きのう栗つぐないこめて両の手に」（渡沼）

青木――うん。ちょっと読みにくかったね、離れていたから。

俳句はふつう一行に書く場合が多かった。ここを「上五」という。（黒板に「上五」と書く。）上（うえ）といわないで、「上（かみ）五（ご）」。

すると、ここは？　なんですか？

子どもたち――中（ちゅう）七（なな）。

青木――うん。「中（なか）七（しち）」という。（板書。）

そこでここが、「下（しも）五（ご）」という。（板書。）

さあ、一、二、三、四、五。五句できました。どれがいちばんよさそう？　手を挙げてもらいましょう。「きのう栗たいへんそうに両の手に」。大事そうにということだね。落っことしたらいけないから。あるいは、音がしたら兵十に聞こえるかもしれない。「たいへんそうに……」。これはどうですか。考えておいてください。

反応がかんばしくないので、先生はすぐに答えを求めず、あとで答えを問うことを予告し、先に進んだ。

子どもたちは他の作品を読みすすんでいるあいだも、相互に比較しながら、気にいったことばについて考えるのである。

青木──「きょうは松竹」。この「竹」はちょっとまちがっているんじゃないか。(子どもたちのあいだで笑い声。)これが竹だ。(持っていた竹の棒を示す。)あれは「茸(きのこ)」でしょう。これを考えたのは、どの子?(黒須、手を挙げる。)ああ、きみか。うん、きみの頭のなかには、想像では食べられる松茸がはいっているわけだね。この竹(指示棒)では食べられないけどね。

まちがいを指摘するときも、先生はにこにこ笑顔で話す。また、友だちのまえでまちがいをおかした子どもに恥をかかせないよう、その子の気持ちをフォローしてやることばをかけている。まちがいもリラックスしたなかで学ぶことができ、頭にはいる。まさにまちがいから学ぶ学習である。


青木──「たけ」という字はね、どういう字だったかな。「くさかんむり」に「耳」(板書)という字だったかな。(子どもが「えのき茸などに使います」といったのに、「うん、そうそう」と答える。)それが二番ね。

「きのう栗」、「きのう」と来たから「きょうは松茸」。

「きのう栗まつたけいっぱい」、たくさん。

「きのう栗明日はまつたけ」、持ってこよう、というわけだね。

「きのう栗」、その栗は「つぐないこめて」。

どれがいちばんよさそうか、ちょっと手を挙げてごらん。(一つひとつ、黒板に書かれたことばを指しながら手を挙げさせる。)

よし、圧倒的にこれが多かったね。「つぐない」。

うん。千葉で勉強したとき、子どもが作った句を、わたしは思い出します。それは、「きのう栗今日もまた栗両の手に」。二日とも、この子は栗を持ってくるように考えた。みんな想像ですから、よいわけですね。

はい、それでは最後の「下五」をやってみよう。ここ(空白となっている下五)へ、想像してことばを見つけてはめていけばよいわけね。

さっき消してしまいましたけど、季語を探すとき、「月」というのを書いた人がいましたね。だれだったかな？(吉田が手を挙げる。)ああ、きみか。月をただ「月」といったら、これは「秋」のことになっているのね。月は一年中、春夏秋冬、出ますけれども、ただ「月」といったら「秋の月」、というように約束ができているのです。(三つ目の教材を示す。)

月の道
兵十加助の
[　　　]

「月の道」といったら、そう、お月さんが明るく照っている道だね。「月の道／兵十加助の／何とか」というのです。はい、書いてごらん。

はい、できた人は出てきてください。なるべくかわった人が……ね。

ここまで女子が一人も黒板に出てきていない。先生は、子どもたちのなかにはいって、学習の進みぐあいを観察している。ここでは女子四人をふくめた十二人の子どもたちが黒板に書くことができた。出てくるときの様子はさまざまである。さっと立ち、黒板に出ていく子。立ってから、いっしょに出てくれそうな友だちを探すように室内を見まわしている子。ノートに書けたのだが、しばらく黒板を見ていて、そのうち意を決して立ち上がる子ども。

女子は池田がまっ先に立った。続いて小田中が立った。このあと、女子では間下に続いて津野が出てきた。

青木——はい、このへんにしようかな。今度はね、ここへ書いた人は、前へ出てきてね、「自分がこういう想像でこれを作った」ということばをちょっとつけてください。自分で読んでおいてことばをつける。これをコメントというんだね。ちょっと短い説明をつける。

えーと、はじめね、佐藤くん、広木くん、篠崎くん、折原くん、この四人でてきてください。はい、どうぞ。あとの人は、順番が来るまでこっちでちょっと待機している。聞いている。はい、どうぞ。これを読んで、自分の想像その他をいいます。はい。

佐藤——「月の道兵十加助のつぐない話」というのは、兵十と加助が栗や松茸のことを話していたので書きました。

青木——はい、つぎの人に渡して。

先生は子どもに指示棒を渡し、これを使って読ませるようにしている。このことによって、その子自身は、自分が発表者であるという自覚をもつことになる。また、「聞きなさい」といわなくても、聞き手の目を発表者に向けることができる。発表が終わると、指示棒はつぎの発表者に渡り、みんなの視線は新しい主役に移る。

広木――「月の道兵十加助の会話道」というのは……。
青木――うん？　「会話道」とはっきり読んで。

広木は「かわみち」というように早口で読む。先生は、広木の肩に両手をおいて、「はっきり」と声をかけた。もういちど読む。今度は声量もあり、ゆっくり、明瞭に読むことができた。
広木は知識欲があり、学習意欲も強い。しかし、先生が日ごろ指摘されるように、こうした子にありがちな傾向（つまり、音読の場合の「早口」）がみられる。加えてほとんど口を開かない場合が多いので、読みがきわめて不明瞭になる。ふだんの授業でも「ゆっくり」読ませることを心がけているのだが……。

広木――兵十と加助が「栗や松茸を持ってくるのはだれだ」と話していたから、こう書きました。
青木――うん。話しているというのは、立ちどまって話しているのを、あなたは想像したか、話しながら歩いているほうを想像したか、どっち？
広木――話しながら歩いているほうです。
青木――うん。「立ち話」というのがあるね。これはたしかに動いていないね。「会話道」というと、歩きながら話しているんだね。はい、つぎの人。
篠崎――「月の道兵十加助のないしょごと」というのは、兵十と加助は栗のつぐないのことを内緒にするだろう、と思って書きました。

ここで、授業は四十五分が経過。チャイムが鳴る。先生は「せっかくいい説明をしてくれたのだけど、チャイムが鳴ってしまった」ということで、篠崎に発表をもういちど行なわせた。

篠崎は大きな声で、ひじょうに明瞭に話したり読んだりすることができる。その意味でもよい説明だったといえる。

青木——うん、うまいですねえ。先生ね、「ないしょ」と書いたときね、そのあとどう書くかと見ていたの。「ないしょ話」となると、「な・い・しょ・ば・な・し」と余るね。「ないしょごと」ってまとめた。ことばのすわりもいい、意味の深みもある。

はい、どうぞ。

小野寺——「月の道兵十加助のぬすみ聞き」というのは、ごんが、兵十と加助の話を盗み聞きしていたので、こうしました。

青木——そうね、想像ですね。はい。

折原——「月の道兵十加助の話し道」というのは、広木くんと同じで、栗がどうしてひとりでにあったのかということを、話しながら歩いたからです。

青木——そうね、はい。「話し道」ね。ちょっとめずらしいことばだ。

あとは、こっちの残っている人。はい、出てきて。

池田——「月の道兵十加助の話し声」。わたしは、兵十と加助が栗や松茸のことを話しているので、「話し声」としました。

発表しおわった子どもたちは、みんなにこにこして満足そうだ。池田もとてもよい表情で席にもどった。

意欲のある子なので、発表したくてしかたがなかったのかもしれない。女子のあいだには積極的に活動しようとするのを、おたがいに牽制《けんせい》しあうような雰囲気がある。そうしたなかでもがんばっているものがいる。

青木――はい。

小田中――「月の道兵十加助の話し聞き」。ごんが、兵十と加助の話しているのを聞いていたから、「話し聞き」としました。

青木――「話し聞き」ということばがあるのかな。これは、ごんが二人の話を聞いているということなのかな。はい。

間下――「月の道兵十加助のかげうすく」というのは、明るい月で、兵十と加助の影が薄く見える様子を表しました。

青木――薄いほうがいい？　濃いほうがいいか。くっきりと影が映ってるほうがいいか。お月様は明るいか、暗いか。うんと明るいお月様か、満月のようにね。どっちにする？

間下は決めかねている様子である。子どもには月あかりだけに照らされた道、そこに人の影がくっきり映っている様子を見た経験がないのかもしれない。月あかりだから、影はうっすらと映っているのだろうと頭のなかで想像したのだろう。

青木――はい、いいでしょう。「かげうすく」もおもしろいでしょう。

小田中のときにもみられるように、自分の考えを押しつけることを先生はしない。間下に「月あかりに映る影」についての経験がなかったとしても、後日、「先生がいいたかったのは、このことだったのか」と、この授業での話を思い返すことがあるにちがいない。

津野――「月の道兵十加助のかげ二つ」。(いつも静かな津野だが、大きなはっきりした声で読めた。)暗い夜に月の光だけがあって、その月の光に、兵十と加助の二つの影を想像して書きました。

青木――うん、はい。

野房弘義――「月の道兵十加助の立ち話」。「立ち話」というから、立ちどまっているんで、栗や松茸のことを話している場面を書きました。

青木――はい。

森田――「月の道兵十加助のたびのあと」というのは、兵十と加助のはいている足袋《たび》の足跡の、後ろのほうをたどっていくと、ごんが話を聞いているというところを思って書きました。

青木――はあ、足袋のあと。旅行しているのかなと思った。「足袋」(「旅」と「足袋」を板書)、足の袋と書く。足袋ね。足袋をはいて歩いているの。はい、いいでしょう。

時代考証的には少しおかしいのだが、ここでも子どもの考えは否定しない。足袋をはいていたか否かというのは、ここでの本質ではない。むしろ、そうした枝葉を詮索せず、森田の説明によって、「旅」ではなく「足袋」だということがよくわかったことを大きくとりあげている。

森田は先生の横で、じっと黒板を見ながら説明を聞いている。

渡沼──「月の道兵十加助のかげこそり」というのは、二人のかげをふみふみ、ついて行くというところがあったので、そこを想像して書きました。

青木──ごんの足音ね。こそり、こそりと。気づかれないようにね。はい。

どうでしょう。一番、二番、三番と、ここへ来るとだんだん作り手が多くなりましたね。で、俳句、作れそうだという気持ちになってきたでしょう。だんだん慣れてきたかもしれません。

作句にとりかかる

青木──もう、時間がきましたけど（授業はここまで五十分が経過している）、これで勉強の半分です。今度はこういう手がかりはなくて、フリーに、自分で、上五・中七・下五と全部自分で作る。ま、一句できたら上等でしょう。二句できたらもっといいですね。

紙がたくさん用意してありますからね。この紙に縦に三行で書いて、ここへちょっと名前を書いてください。はい、もうできている人は、さっそく書いていいです。

そうね、時間をやたらのばしてもいけませんから、あと十分。（小野寺が「えっ」と聞き返したとき、先生はちょっと時計を見て）十分は無理だな。あと五分、五分くらいでいいか。できた人は黒板に貼ってください。

用意した紙は、わら半紙半分の大きさの画用紙。これにフェルトペンで俳句を書き、できた者から黒板に磁石で貼っていった。やはりここでも、男子中心に積極的に活動する様子がみられた。

まっ先に、篠崎らの男子が出ていって先生から用紙を受けとる。男子に混じり、ここまで動きのなかった女子の大前と矢沢が早々と用紙をもらってきたのが目をひいた。

作品を発表する

青木――(まっ先に書いて貼りだしている篠崎に対して)篠崎くんは俳句が好きなんだね。(教室内から笑い声が起こる。)

きょうの授業のなかで、篠崎はもっとも活躍した。体は小さいが、はきはきしており、運動も好きな子である。先生のこのひとことがとてもうれしそうだった。一枚できたら、すぐ二枚目にとりかかった。ほかの子たちもその後、続々と貼りにいき、切れ間がない。

四分程度のあいだに、三十七編の俳句が黒板いっぱいに貼られた。一人で二編〜三編の俳句を貼りだした者もいるので、二十五人の子どもたちが貼りだしたことになる。全員が俳句を作り、用紙に書いていたのだが、ほかの十五人の子どもは、時間と黒板のスペースの都合で貼りだすことができなかった。

青木――遠くの人にも見えるくらい、大きく書いてくださいね。

(フェルトペンで書くまえに、えんぴつで下書きしている子どもに対して)下書きしなくていいよ。じかに書いていいよ。

篠崎――「ひがん花おれた前にはそう列が」(男)

岡本――「ごんぎつね六地ぞうのかげでそう列見る」(男)

吉田――「松たけごはんは毎日もって来る」(男)

間下――「晴天によく合うまっかなひがん花」(女)

野房弘義―「ひがん花お地ぞう様のけんがくだ」（男）
広木―「神様のしわざじゃないとごんの声」（男）
松本―「ごんぎつねうなぎのつぐない栗の山」（女）
野房久乃―「さきみだれ悲しみかたるひがん花」（女）
森田―「風にのりあたり（「当たり」と書く）にひびくもずの声」（男）
佐藤―「ごんたおれ青いけむりがくりまとう」（男）
折原―「ごんぎつねびくの中からとりだした」（男）
篠崎―「火なわじゅう土間のくりには気づかずに」（男）
小田中―「雨上がりすすきのほには雨しずく」（女）
小野寺―「くり松茸兵十の家になげこんで」（男）
橋本―「まつ虫がチンチロないてる月のばん」（男）
津野―「赤いきれ墓地でゆれるよひがん花」（女）
森田―「すすきのほ風にゆられてないている」（男）
篠崎―「はぎの葉がうなぎにまじりびくの中」（男）
間下―「秋の日に細々静かに青けむり」（女）
荒井―「ひがん花地ぞうのうらにかくれてる」（男）
柴田―「雨上がりもずの声聞きぶらりとさんぽ」（女）
黒須―「秋かたるうっすらとさくひがん花」（男）
池田―「月のばんまつ虫なき声ごんは聞き」（女）

林——「兵十にくりがどっさり松たけも」（男）
大前——「雨上がりしずくが光るすすきのほ」（女）
渡沼——「風にのりひがん花がゆれ動く」（男）
漆原——「つぐないにいわしをあげて大失敗」（女）
佐藤——「チンチロリン兵十加助のぬすみ聞き」（男）
津野——「すすきのほしずくがきらり雨上がり」（女）
佐藤——「ひがん花通ったあとには折られてる」（男）
折原——「そう列がひがん花を折って行く」（男）
中村則善——「月の下話を聞こうと夜を追う」（男）
折原——「びくの中ごんの首へとひと回り」（男）
小田中——「うってからごんのやさしさ今気づく」（女）
藤山——「つぐないで悲しく思う月の夜」（男）
斎藤——「そう式を悲しく見つめるひがん花」（男）
森田——「すすきのほ風にゆられて泣いている」（男）
青木——ま、このへんでひと息入れるかな。ずいぶんできましたねえ。

先生は、子どもが黒板にもってくる作品を貼る手伝いをしていたが、ここでしばらく作品を読みなおす時間をとった。

青木――ずうっと目をとおしてみてね、「あれはなかなかよくできているな」という俳句があったら、それをひとつ見つけてみてください。先生もずっと見ていきます。（指示棒で指しながら、ていねいに読む。）これは、間下さんというの？　ちょっと手を挙げてごらん。あんたの字はなかなかうまいねえ。俳句むきな字だね。

間下は硬筆習字が上手である。ノートの文字も、速く美しく書くことができる。自分も文字については自信があったのか、うれしそうな表情である。

青木――うん、さっきのことばが欠けているところに入れてもらって作ったのと比べると、ちょっと質が落ちるかな。あの句はよくできているな、というのない？

えー。時間がないから、わたしの好きな句を取りだしてみようか。

ここで、先生は黒板いっぱいに貼りだされた作品を、並べかえる作業を行なった。並べかえは慎重に行なわれ、その間、三分ほど、子どもたちは自分や友だちの作品の行き先を注目している。

青木――ちょっと先生が分けてみました。（八編の作品が黒板の上段に並んでいる。）ここに並べた作品はだいぶよいところまできていると思うんです。

「雨上がりしずくが光るすすきのほ」（大前）

想像というよりも、見て作ったという感じの句ですね。

「晴天によく合うまっかなひがん花」（間下）
ま、「よく合う」。ちょっと問題だけども。
「秋の日に細々静かに青けむり」（間下）
間下さん、これ、うまいね。「秋の日に細々」「静かに」、どっちかにしたほうがいいな、これ。同じようなこと書いているね、青煙が細々であったり、静かであったりだね。どっちか一つにしたらというところかな。

「秋かたるうっすらとさくひがん花」（黒須）
「かたる」がちょっと問題だけど、ま、いいでしょう。ひがん花は、「うっすら」とは咲かないで、ひじょうにはっきりと咲く花だよ、あれは。
「雨上がりもずの声聞きぶらりとさんぽ」（柴田）
これはごんを書いたんでしょうね。
「神様のしわざじゃないとごんの声」（広木）
これはちょっとおもしろい。
「はぎの葉がうなぎにまじりびくの中」（篠崎）
これはひじょうに俳句的だと思います。うなぎに混じり、びくのなかに萩の葉がはいっているという俳句ですね。篠崎くんはずいぶんたくさん作りましたが、これはいいですね。
篠崎はこれまですべての学習活動に参加しているが、先ほどに続いて努力が認められ、満足そうだ。

青木——「そう列がひがん花を折って行く」（折原）

ちょっと字足らずだけども、ま、そういうことかな。

さて、つぎの四つには（黒板の右隅によせた四編の俳句を指して）共通点があるんですね。どういう共通点がある？

（別に貼られた句は、つぎの四編。）

「つぐないで悲しく思う月の夜」（藤山）

「そう式を悲しく見つめるひがん花」（斎藤）

「すすきのほ風にゆられて泣いている」（森田）

「さきみだれ悲しみかたるひがん花」（野房久乃）

青木——これはね、きょう、ぜひ勉強してもらいたい材料です。じゃ、聞いてみましょうかね。この四人ちょっと立ってごらん。きみから共通点を説明してください。

篠崎——悲しい感じがすると思います。

青木——句としてはどうですか。よいか、悪いか。好きか、嫌いか。

篠崎——いいと思います。

吉田——悲しい感じがある。いいと思うけど、ぼくはあんまり好きじゃない。

小野寺——ぼくは悲しいところがあると思います。暗いから嫌いです。

藤山——悲しいところがあるけど、ぼくは好きです。

青木――そこで、手を挙げた人がいたね。

佐藤――ぼくもみんなと同じで、悲しいとか泣いているとかということばが使われていると思います。

青木――それで？　句としては？

佐藤――それで句としては、ぼくはこういう悲しいやつは……、好きです。（みんなは「嫌いです」というのを予想していたのか、笑い声が起こる。）

青木――もうひとりいたな。

黒須――ぼくも悲しい感じがするけど、嫌いじゃない。

青木――もう、ありませんかね？

「さきみだれ悲しみかたるひがん花」（野房久乃）

ひがん花が悲しさを表してくれて、何かぼくらに語りかけてくれているというような、そういう感じだね。

「すすきのほ風にゆられて泣いている」（森田）

これも、すすきのほにそういう感じを受けとったわけね。

「そう式を悲しく見つめるひがん花」（斎藤）

ひがん花だって心があるから、葬式をひがん花が悲しく見ていてもいいということだね。

「つぐないで悲しく思う月の夜」（藤山）

これらの句は、「悲しく」とか「泣いている」とか書いているけどね、俳句では、「悲しい」「うれしい」「楽しい」ということばは、あまり使わないほうがよい。そういうことばをむき出しにして、「悲しい」「うれしい」といわない。これはひじょうに大事なことです。

子どもたちに俳句を作らせるとね、「悲しい」「うれしい」がよく出てくるんです。きょうは少ないほうです。このほかの人は、そういうことばを用心して使わなかったのかもしれない。

ここにね、よその子どもが作った、こういう句があります。(掲示用に書いてきた俳句を示す。)

ちょっと読んでごらん。はい。

子どもたち—「先生がたいいんしたよとんぼさん」。

青木—「先生がたいいんしたよとんぼさん」。「先生がたいいんしたようれしいな」といっても俳句にはなるんですね。でも、うれしくてうれしくてしょうがない。その気持ちを、自分の目のまえを通ったとんぼさんにさえ、早くいいたい。もう、うれしさが膨れあがっているのでしょう。「うれしい」ということばをいわなくても、そのことがよく伝わる。

「赤ちゃんがよくわらうなあ春の風」。これは赤ちゃんのかわいさを書いたものでしょう? 「赤ちゃんがよく笑うなあかわいいなあ」「赤ちゃんがよく笑うなあ気持ちがいいの?」というような感じだね。「笑う」「春の風」で、赤ちゃんがどういう状況か、よくわかる。

「天国はもう秋ですかお父さん」。悲しさはもういっぱいなんだけど、どこにも悲しいっていってはいないんです。

このように、「うれしい」とか「悲しい」とかのことばをなるべくやめる、使わない。これは、俳句をじょうずに作るために、たいへん大事なことです。こういうことばを使わないで俳句ができはじめると、ぐんと進歩すると思います。

ちょっとまちがった字もいくつかありましたね。「当たり」というのは、「その周り」ということですね。これだと「ぶち当たる」ということになってしまうでしょう? こういうのはひらがなでいいね。

俳句づくりのすすめ

青木――これからは、みんなに俳句をおおいに作ってもらいたいと思いますね。

きょうは、入り口のところをやりましたが、ずいぶんたくさんできたんでびっくりしました。作ってみようとするひじょうにつよいエネルギーを、みんな持っているということですね。

物語でもいいし、それから、ものを見て作ってもいい、このあたりにいると、たくさんそういう俳句ができるだろうと思います。

わたしはたいへん寒がり屋で、何年かまえに「電気毛布」というのを買ってもらいました。夜寝るときに足が冷たーくなって、ふとんのなかにはいったときに、ふとんも冷たーい。ところが、「電気毛布」がちゃんと敷いてくれてあって、わたしが寝るころにはなかが暖かくなっていると、あの「電気毛布」一枚のなかは極楽のような気がします。

それで、きのう作った俳句に、（黒板に俳句を書く）「満点だ電気毛布に眠る幸」。これでいい。もう、ほかに欲しいものはない。「これでいい電気毛布に眠る幸」。電気毛布に眠る幸福はもう満点だ、というね。毛布、これが、季語なんですね。（青木注――この句、そもそもの形は「こんやこの電気毛布に眠る幸」）というように、われわれの周りには俳句になるものやことがいくらでもあるので、ぜひやってもらいたいと思います。

きょうは、わたしの書いてきた俳句、これもやはり物語の俳句ですが、それを額に入れてきました。（額のなかに小さい色紙が上と下に二枚入れてある。）これをプレゼントしようと思います。

ちょっと、あなた読んで。

矢沢――「コスモスをもらうお手々のごはんつぶ」。
青木――きみ、読んでみて。
篠崎――「コスモスをもらうお手々のごはんつぶ」。
青木――この俳句のもとになった物語は、なんだと思う？
子どもたち――「一つの花」。
青木――「一つの花」ですね。
はい、下の句を読んでもらおう。
岡本――「羽ふれて桃の花散る別れかな」。
村岡――「羽ふれて桃の花散る別れかな」。
青木――この物語？
子どもたち――「大造じいさんとガン」。
青木――そうね、「大造じいさんとガン」。あの最後の場面。残雪が元気になって一直線に空に飛び上がるときに、すももの花に羽がさわって、はらはらと雪のように清らかに散りました、というところがあるね。あれを俳句にしたの。「羽ふれて桃の花散る別れかな」。
「かな」というのはね、よく俳句に使うことばですね。心が大きく揺れたときに、「いいな」「うれしいな」「悲しいな」を使わずに、「かな」というのをよく使います。
これをあげますから、しばらく教室に置いてくれるとうれしい。
こういうふうに物語をタネにして三、四十句作りましたが、みなさんも作ってみるとおもしろいと思います。

外に出て、実際にものを見て作る、それもおおいにけっこうです。

きょう授業してみてね、もうみなさんの俳句を作る力は、かなりできていますから、これでやめずに、続けて作ってみるといいですね。そして、それをためておいて、句集をつくる。先生と相談して、これから卒業まで二か月、「卒業句集」というようなものもやってみてもいいですね。

皆川先生が「ゆっくりやっていい」という話だったので、なんと、一時間と二十分、八十分も授業をやっていたね。でもみんな、熱心に勉強してくれたので、ゆっくり、楽しくやらしてもらいました。

それから、ひとつ宿題として、書けたら書いておいてほしいことがあります。

さっき、自分の句を作って、自分はこういうようなつもりで作ったというコメントをつけましたね。きょう、自分が作った句でもいいし、青木先生から聞いたのを参考にして別の句を作ってもいいですから、「この句を作ったとき、わたしはこういうところを想像してやりました」「こういうことばを使ったが、何べんも考えなおしているうちに、こういうことばが見つかりました。それで、これをはめてみるとひじょうにかっこよくなりました」とか、そういうことを書いてみてください。

じゃ、これでおしまいにしましょう。

さそり座の尾の一げきに流れ星

かぐや姫が
来そうな満月
本を読む

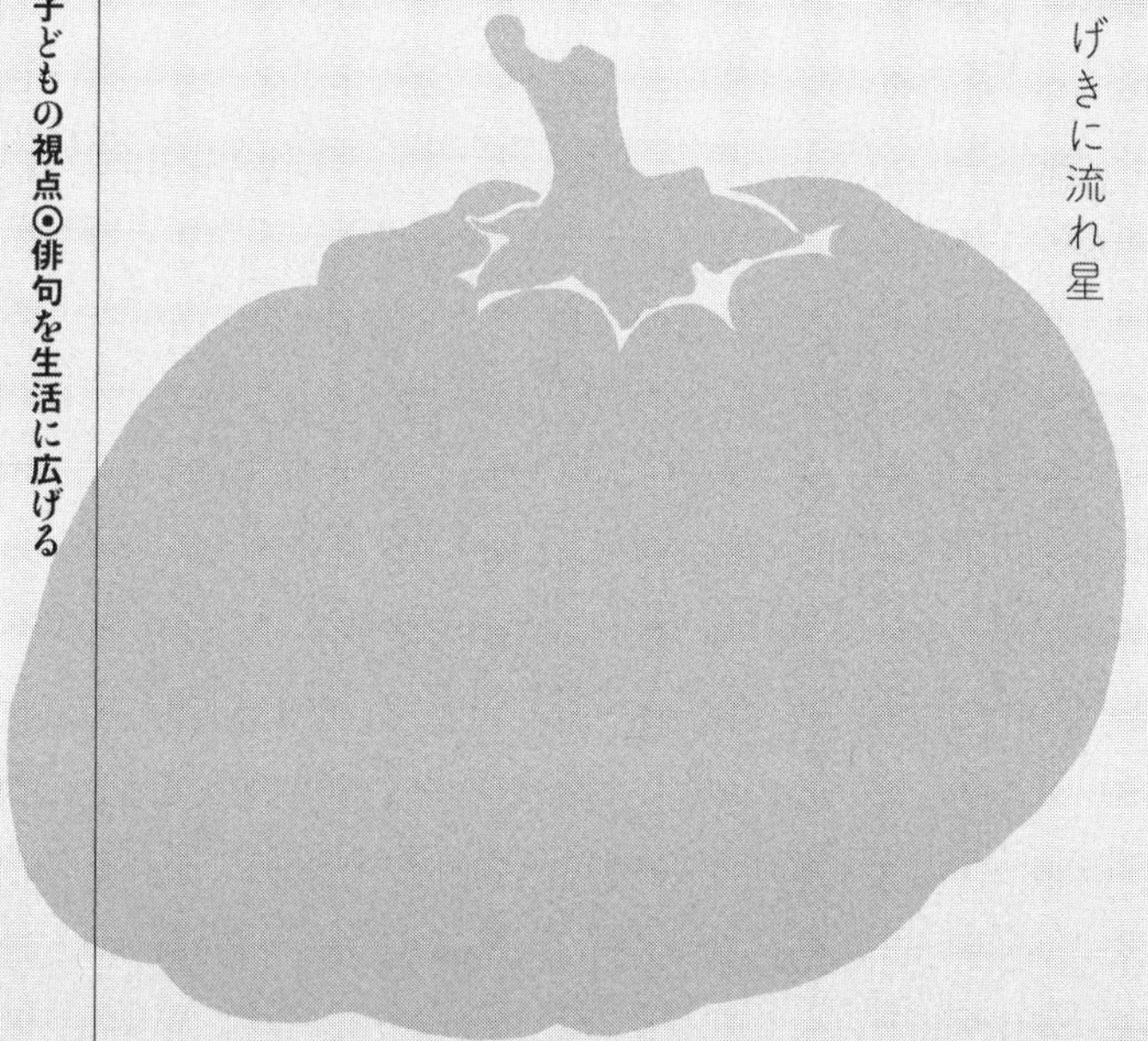

はぎの葉が
うなぎにまじり
びくの中

第五章
子どもに学ぶ

◉子どもにもらった「授業論」◉授業のなかの子どもの視点◉俳句を生活に広げる

子どもにもらった「授業論」

いっこうに上達はしませんが、俳句は戦中から作ってきました。ひところはかなり熱心に作りました。現在も、趣味は何かときかれたら、第一に俳句と答えるでしょう。

俳句づくりに比べると、俳句指導は、まずまず人並みというところでしょうか。人並みというのは、国語教科書に俳句教材が載せられているので、なんとかいちおうの指導をしてきたというところです。二、三、熱心に指導してみたこともありますが、指導としては幼稚なものでした。

ところが、三、四年ほどまえから、わたしの俳句指導観に大きな変革が起こりました。そのことは、すでにいくらか書いてきました。要約すると、現代における子ども俳句の隆盛、それに伴う子ども俳句の教材性の発見ということになるでしょう。

ここにそれを詳述することは省きますが、子ども俳句における教材価値の発見が、わたしを新しい俳句指導へつき動かしてきました。

子どもの俳句こそ、子ども俳句の指導におけるもっとも秀れた教材であり、また、その教材そのものが子ども俳句の指導目標でもあるという認識をもつようになったのです。

しかし、いま、わたしのまえには、指導の対象になってくれる子どもがいません。わたしの俳句指導の発想や創意を、授業へおろし、時間をかけて指導し、検討を加えて成果を見究めるというような、実験、実証の過程をもつことができないのです。

たまたま招かれて、ほうぼうの教室で授業をすることは、年間かなりの数になりますが、それはたいてい先方の要望によっての授業ですから、右に述べたような、わたしにとって切実な研究につながる授業はできません。

しかし、三年ほどまえでした。都内のある学校、ある担任の厚意で、一時間だけ、わたしの発想による「俳句を作る」指導を試みることができました。七十分ほどの授業だったでしょうか、もちろん満足のいく授業ではありませんでしたが、手応えは十分にありました。

でも、担任のクラスをもたないわたしは、この実験に検討を加えることはできません。

しかし、念ずれば何とかで、その後、二回、三回、四回……と、この課題に取り組み、俳句指導の研究を重ねることができました。

対象が毎回ちがう子どもたちですから、効率よく指導と研究の成果を積みあげていくということはむずかしいことですが、それでもつぎつぎと修正とアイデアを加えて、これならいけそうだ、という授業にしてきました。

招かれていく場合、授業前のわたしは、相手の子どもについてほとんど何も知りません。たびたびの経験で、事前に多くを知っているよりも、白紙で臨むことがよさそうだとわかりましたので、長年、そうしてきました。子どものほうが、どんな心境でわたしと対面しているか、後に引用した子どもの授業感想などによると、あれこれと複雑な想いで待機していることがわかります。

わたしは、もっぱら授業のできることがありがたいのですから、子どものことはぜんぜん気になりません。子どものほうは、どうしても、強いプレッシャーを感じているでしょう。それは、十分心得ておかなければならないことです。

わたしにとっていちばん気になるのは何か。それは、子どもでも、教材研究でも、参観者でもありません。それは「時間」です。四十五分という時間は、いちおう絶対ということになっています。子どもにも授業者にも身についている時間です。担任には、あすの時間へつなぐ手がありますが、わたしにはあしたはないのです。それだけに、この時間のきびしさは大きいのです。

少し細かく考えると、この時間は、子どもと教師との関係によってゆったりと進行していくこともあるし、もうチャイムかと、たちまち流れていくこともあります。

そこで、こういう条件のなかで授業するわたしは、事情の許すかぎり、あらかじめたっぷりと時間をもらっておきます。まず十五分プラスの六十分です。飛び入り授業の場合、この十五分はなんとかもらえる時間ではないでしょうか。ただし、わたしは、たとえば何人かがあくびをしたり、姿勢が崩れはじめたり、学習への集中が切れたりすると、即座にいさぎよく、授業を切り上げるという条件をつけて教室に臨みます。

前述のように、招かれての授業をずいぶんたくさんしてきました。その授業のみんながみんな、時間のおねだりをしたわけではありません。が、ここ五、六年は、事情が許せば、時間に追い立てられない授業をさせてもらうようにしてきました。

これは、わたしのわがままではなく、そもそも指導というものは、状況に即し、なるべくあるまとまりをもつことが望ましい。中途半端で終わることは、不自然であり、マイナスであるといえるでしょう。

といっても、授業は子どもが相手です。毎日、毎時間の授業(学習)が、子どもにとって、おもしろいもの、楽しいものとはかぎりません。四十五分、いや、三十分でも、二十五分でも退屈であり、耐えられない時間だということだって、めずらしくはないでしょう。

となると、わたしの求める、六十分、ときには七十分、これは、子どもにとって残酷なしめつけの時間になりはしないか。それがおおいに懸念されるところです。

ここで少し、わたしとともに俳句を学んだ子どもたちの声を聞いてみましょう。

授業をすませたあと、十日ほどたつと、担任および、担任の配慮によって書かれた、子どもたちの手紙が届きます。

多くは礼状のかたちをしていますが、それとともに授業の感想も書かれています。これは見方によっては、わたしの授業に対する、子どもたちの率直な評価ですし、逆に、「ああ、あのクラスは、こんなクラスだったのか」と、子どもたち自身を語ってくれているのでもあります。

わたしは、この手紙を丹念に読んで返事を書きます。わたしの書くこの返信は、いちばん長く書いている子どもの三、四倍はあるでしょう。たいてい毛筆で、半紙に、十四、五枚から二十枚、太めの字で書きます。便箋ですと、みんなでいっしょに何回も読んでもらうというわけにはいきません。わたしは、手紙の末尾に、

「この手紙は教室のうしろのどこかにはってください。そうすると、大勢がいっしょに、また、読みたいときに読めるでしょう」

などと書き添えておきます。

もらった手紙はたくさんありますが、ここには、そのなかの二、三を引用させてもらいましょう。

長沼理絵

青木先生こんにちは。

私は、長沼理絵っていいます。

しょうじきいって私は先生とあうまではどんなにこわい先生なのかな？　といろいろ想像していました。

けど、あってなにか心がほっとしました。だって先生は、入ってきた時からいつもニコニコしていて……。

先生と勉強するのが楽しくなりました。

時間をゆっくりしたいくらいに楽しくて……。

いつもの勉強より、とても楽しかったです。

先生にさされた時は、とてもきんちょうしました。もうばくはつすんぜんでした。

でもすっごく楽しくて、あっというまにおわってとてもざんねんです。

できることなら、毎日授業を受けていてもいいくらいです。

佐藤京子

卒業すんぜんの大行事。

私は先生から、卒業プレゼント、

「勉強は、楽しいもんだ、いいもんだ」という心をもらったようです。（中略）

今日の授業は、とても楽しく、俳句のことが、たくさん分かりました。はじめはきん張していたけど、だんだん授業をやっていくにつれて、きん張がほぐれていきました。

いつもよりは、長く授業をしたみたいだったけど、私には、あんまり長くは感じませんでした。逆に短く感じて、もっと授業つづけていたいという気持ちにもなりました。

そして、一番うれしかったことは、俳句が好きになったということです。たった1時間ぐらいの授業で、こんなに好きになるなんて、自分でも信じられないくらいです。

阿曽　忍

先生、本当に楽しい授業をしてくださってありがとうございました。先生の授業を受けているといつもの授業の半分の時間しかやっていないとかんじてしまいます。

いつもは、こんな授業、はやくおわってしまえばいいのにとかんじるぼくですが、今日はちがいました。授業をうけていると感じないんです。まるで先生の授業が遊びまでとはいきませんが楽しいんです。クイズっぽい授業なんて考えたこともありません。

ぼくは、先生と勉強できてしあわせだと思います。このことを胸にきざんで、このさきがんばっていきたいと思います。

他の学校からもらったものもたくさんありますが、大同小異の感がありますから、引用はこれだけにしておきます。

授業のなかの子どもの視点

これらの手紙を通じて、わたしとの授業を、子どもたちはどのようにとらえているか、指導者をどのように意識して授業に臨んでいるか、この子どもの手紙によって、それを書いてみましょう。

先生はこわい?

子どもたちは、わたしとの授業を知らされた直後から、どんな先生だろう、えらい先生だとすればこわい先生、こわい先生はむずかしいことを教える先生、まちがったことをいったら叱られるにちがいない、というように、初対面のわたしに対し、いささかの関心と、危惧または一種の恐怖感をもっているのではないか。これは、ちょっと意外と思われるほどです。最初にとりあげた長沼さんという子にもそれがうかがわれます。

昔も昔、大昔のことですが、わたし自身の小学生時代の記憶をたぐってみても、やはり、先生は無条件にこわい存在でした。飛び入り授業者はこういう子どものなかへはいっていくのです。

この本能的とも思われるこだわりをとくのはあんがいむずかしい。下手をすると、一時間中、警戒されっぱなしの授業者にさせられることもないとはいえません。こういう子どもは学習にもうまくとけこめず、わたしへの手紙にはせっかくの機会を逃がした後悔を書いています。その点、長沼さんは早々と「なにか心がほっとしました」と書いています。

教師の表情とは

長沼さんの親近感は、「先生は入ってきた時からいつもニコニコしていて……」にうかがえます。警戒意識をときすました子どもたちが行なう、最初の人物鑑定、その手がかりは相手の表情でしょう。わたしは、どんな表情で授業をしているのか、自分の表情を意識したことはありません。俳優でない教師は、たぶんだれもそうでしょう。しかし、外からは微妙な動きまで見られているはずです。わたし自身にはどうにもならないことですが、スチール写真や、ビデオに撮られているわが顔に、自信がないどころか、嫌悪を感じることもしばしばです。

それでも、授業中のわたしの表情に着目され、過褒《かほう》の評価をしてくださったかたがいます。もう三十年もまえのことです。全国大学国語教育学会の要請で、担任のクラスを指導したときのことでした。

石井庄司先生から、わたしの表情について、かなり具体的なお話を聞きました。しかし、だからといって、その後の表情はどうともなっていないでしょう。

外に表れる表情は、その時、その場における当人の心理情況と密接に関係します。もし、わたしの表情が子どもたちになんらかの作用をするとすれば、つぎのようなことと関係があるのでしょう。

現在のわたしは、授業に飢えています。ですから、子どものまえに立っただけで楽しい。表情も自然、なごやかにほころびているでしょう。表情はもちろん、授業の巧拙なども二の次です。だから、むき出しのこの表情が、子どもとわたしとの垣根をとり払ってくれるのだともいえそうです。

授業の楽しさとは

子どもたちは、ほとんど異口同音に「授業が楽しい」と書いていますが、まさかお世辞ではないでしょう。

楽しいといっても、ふざけたことをしたり、ギャグや冗談、さらには「ヨイショ」がかったことをするわけではありません。指導のなかでは、かなりきびしく子どもに迫っていくことも少なくないのです。楽しさ、おもしろさは、学習の本質につながるものでなければならないはずです。それは、指導に対応する、学習への集中がもたらす楽しさでなければなりません。

時間を短く感じるとは

授業者にとってこわいのは「時間だ」ということは、すでに書きました。こわさの一つは、子どもたちが学習に集中しつづけるか、それも一部ではなく、クラス全員。もう一つは、時間内に指導がいちおうのまとまりをもつかどうか。やむなく尻切れとんぼの授業になりはしないかということです。いうまでもなく、子どもにとって学習時間の長短は心理的なことで、そういう時間感覚をもつのは、彼らの学習態度、それと授業者の采配《さいはい》とのかね合いによるものでしょう。

「楽しくて時間が短かった」といわれることは、教師のもらう、大きなプレゼントかもしれません。このプレゼントは、毎日、毎時、子どもと対面している担任教師はなかなかもらえず、ことによったら、こわがられ、敬遠された飛び入り授業者に恵まれやすい贈り物かもしれません。

遊びのような授業で、いつのまにか……

これは、わたしの授業を参観された人びとからよく聞く話です。授業のはじめは参観者として見ているが、そのうちに、子どもの列に加わって、子どもといっしょに考えたり、指名された子の発言を気にしたりする。ことにクイズのような仕掛けがもちだされると、むきになって解答をみつけたりなど、まんまとその術中に墜《お》ち、冷静に授業を見ようとする参観者であることを忘れて、子どもになっているというのです。

阿曽忍君が「先生の授業が遊びまでとはいきませんが楽しいんです。クイズっぽい授業なんて考えたこともありません」と書いています。授業にクイズを仕組むことは、全員参加、全員集中、授業を楽しくする有力な方法の一つだといえるでしょう。

教師のパワーとは

西島三絵

わたしたちが、先生の授業を受けて、本当にびっくりしたことがありました。それは、もうお年なのに、みんなの心を引きつけるほどのパワーがあったからです。もう一つこしが曲がっていなかったからです。（後略）

竹内三千代

（前略）勉強を教わる日、初めて先生を見た時背すじがちゃんとしていて、とても八十代とは見えませんでした。こういうことをいっていいのか、それともいけないのか分かりません。もしお気を悪くしたらすいません。（後略）

この二つの手紙は、先にとりあげた、埼玉県の子どもたちより少しまえに授業した、下関市の神田小学校六年生からのものです。わたしのような年になってまで授業をしている人間はめずらしいのでしょう。

年のことはよく聞かれますし、体つきもかれらの気になるところでしょうから、もらう手紙には、このこともよく書かれています。しかし、西島三絵さんの手紙にある「みんなの心を引きつけるほどのパワーがあったからです」という一文は、おおいにわたしを励ましてくれました。

別の子（中西美佳）は、「〝記念写真〟をとったあと、あく手して下さったとき思ったんですけど、先生は力が強いですね。とても八十とは見えませんでした」と書いています。

仮に、さきほどのパワーを二つに分けると、前者が気力、後者は体力ということでしょう。外へ出かけ、未知の子どもとの授業ですから、表情はもとより、声にも、姿勢にも、内からにじみ出るパワーが求められます。ただし、それが力みであったり、圧力であったりしては、こわさにつながりかねません。

授業が終わってホッと一息すると、子どもたちは緊張を解いて、教卓に殺到し、サインや握手をねだります。やはり現代っ子です。曾孫《ひまご》のような子どもたちにとり囲まれているわたし、これもまた、授業者冥利《みょうり》のひとときといえるでしょう。

俳句を生活に広げる

わたしは、この本を、俳句の指導に関心の薄い教師のための、俳句授業入門書として書いてみました。

入門書といっても、一般に行なわれているそれとは、大きくちがっています。どこがちがうか。本書は、たんなる俳句入門書ではなく、国語科の授業のなかで、俳句指導をどのようにすすめていくか、そこに焦点をおいて書いてあります。俳句の好き嫌い、できるできないは二の次。まず、クラスの全員を俳句学習に取り組ませます。

わたしの知っているかぎり、教師仲間であっても、俳句などというものは、趣味人のたしなみか、閑人の慰みものではないか、その俳句にどれだけの指導価値があるか、もしそれを指導するとなれば、俳句に関するいくらかの知識と、作句キャリアがないことには、まともな指導はできないなどと、思っているひとはまだ少なくありません。国語教室のこういう体質は、現在もさほど大きく変わっていないのではないかと思います。

しかし、教室の外はどうでしょう。

主婦たちの俳句熱、子どもたちの投句活動、ジャーナリズムの俳句への関心、さらには俳句の国際化まで、俳句の世界は大きく変貌しています。大きな催しや、すでに名の通った俳句大会には、子どもたちの応募が十万、二十万とあるそうです。

ところで、それらの投句がどこで生まれているのでしょうか。たぶん、あちこちの教室、なかには学校を挙げて参加しているところもあるようですが、この大きな応募数に比べ、地道に俳句指導に取り組んでいる国語教室は、まだまだ少ないのではないか。応募も結構ですが、まずもって多くの教室で俳句指導がまともにとりあげられ、その指導を安定させて、俳句活動を子どもたちの生活に定着させることができたらと考えます。

俳句に限らず、教師が何か一つのジャンルについての文学経験(理解と表現)をもっていることは、国語科の指導者として望ましいことですが、それをどの教師にも求めることは無理でしょう。

現在、六年生の教室では、どこの教室でもいちおう俳句の指導が行なわれているはずです。しかし、物語や説明的な文章の指導に比べると、ずっと軽く扱われているのではないでしょうか。もちろん、総時間数さえ窮屈な国語科のなかですから、他の領域、他のジャンルとのバランスをとらなければなりません。

そこでわたしは、長いあいだ国語教室の片隅におかれてきた俳句、この俳句指導の価値を見直すとともに、このように取り組めば、どの教師にも、かなり実りのある俳句指導ができるという、俳句入門指導法を発案しました。それがすでに縷々《るる》述べてきた、物語教材をふまえた俳句学習の導入です。いうまでもなく物語の指導には、どの教師も強い関心をもっています。ところが、ここへ俳句指導を持ちこもうというのですから、おやおやと思われるかたがあるでしょう。しかし、それが、俳句入門になるとともに、なんと、物語の指導を強化することにもつながるのですから、どうでしょう。まさに一石二鳥です。

それはどういうことか。わたしの発案した俳句は、物語をていねいに深く、想像豊かに読むことによって生まれてくる俳句です。これはまさに理解を表現へ、表現から理解へ、なのです。こう書くと、一見むずかしそうですが、物語という拠りどころをふまえての学習ですから、まずもって、どの子にも俳句学習のきっかけがみつかるのです。

「ごんぎつね」をとりあげてみましょう。物語のなかで、もずが鳴いています。彼岸花が咲いています。栗や松茸を償いにするごん、作句の契機がたくさんころがっています。よく問題にされる季語の指導もおもしろくできます。また、この場合、クラスの全員が、物語という共通の作句対象をとり囲んでの学習ですから、めいめいの発想や作品を、たがいに理解しあったり、比べたりすることも、全員の関心のなかで興味深くできます。

こうした学習になれてくると、つぎつぎと指導する物語についても、読解指導に即して、俳句学習を加えてみることが容易になり、物語学習にも広さと深さを求められるでしょう。

ところで、この物語俳句は、読んで作る、考えて作る、なかんずく、想像を広げて作るところに特色があり、そこに個々の子どものオリジナリティを期待できます。といっても、この指導は、物語というワクのなかでの俳句づくりです。したがって、そこに限界があります。

俳句学習の対象は無限大です。子どもたちも、目にふれる自然、その自然の変化、そのなかに生きている自分の生活などへ俳句の対象を広げていかなければなりません。このような作句の対象、そこから作りだされる俳句、それは学習の俳句であるとともに生活の俳句です。生活の俳句は、生活の記録であり、そしてまた、それは暮らしのなかでとらえられ、育てられる、ことばと知性・感性の洗練であると思います。

わたしは、俳句指導を、まず国語教室に定着させ、どの子にも、俳句を読むこと、作ることの経験をもたせたいという構想をたてました。しかし、この小著では、その細かい指導内容については、なにほどのこともとりあげることはできませんでした。

ここに俳句を生活のなかにと書きましたので、このことには少しふれておかなければと思います。それは季語のことです。俳句における季語の研究はつねに新しい課題を投げかけてきていますが、わたしには、それをまともに論ずる力はありません。

しかし、子どもに俳句の指導をしてみると、一般の季語論とは、いくらか質のちがった問題にぶつかるのです。ふつう季語が話題になるのは、表現上の問題、いいかえると、作句のうえで季語の機能をどう生かすかということだといえるでしょう。しかし、子どもの場合は、そのような問題以前に問題があるのです。それはどういうことか、例をあげてみましょう。

子どもたちの多くは、彼岸花を知りません。名前は聞いていても、花そのものを見ていません。絵や写真をみせたり、文章を読ませたりして理解させようとはしますが、その理解は、花の実体とは、大きな距離があります。そして、彼岸花のもつ季感ということになると、いっそう遠いものになると思います。

当然のことですが、子どもたちには、まだ季語体験がない、あっても希薄なのです。季語は、子どもたちが、自然とつながり、生活をかみしめる、接点であったり、媒体であるといえるでしょう。俳句を読んだり作ったりすることは、季語をなかだちにして、自然を生活することであり、そういう生活を見つめることでもあると思います。

四月三十日(九二年)の「よみうり寸評」欄に次のようなことが書かれていました。ゴールデン・ウィークをまえに、関東地区の小中学生千五百人を対象に調べたところによると、

＊日の出・日の入りを見たことがない。…………四〇・七％
＊木の実や野草などを取って食べたことがない。…………四二％
＊魚つりをしたことがない。…………三五・二％
＊高い木に登ったことがない。…………二三・四％

七年前の同じ調査に比べると、どの数値も高くなっているということです。

俳句に取り組ませることは、まずもってことばの学習ですが、それは同時に、そのことばを接点に

して、広く自然や、人間生活とつながることです。ここには自然理解、自然同化、人間理解、社会同化の契機があるのです。

話はだんだん大きくなりましたが、俳句を学ばせるということは、大なり小なり、子どもたちを、こういう生き方に誘いこむことだといえるでしょう。

長年、俳句に親しみ、作句を続け、この伝統の国民文芸の恩恵に浴してきたわたしは、子どもたちにも、この小さくて大きく、美しくて深い作句の魅力を、生涯求めつづけてほしいと、夢に描いてみるのです。

この本でとりあげた子ども俳句一覧（掲載順）

やきたてのクッキーみたいな春の風
広島県乃美尾小四年　佐々木千里

たんぽぽの種はどこかへ行くとちゅう
東京都柴又小五年　石井博

空ぶりのバットのむこうにいわし雲
秋田県秋田大学附属小四年　松田京平

天国はもう秋ですかお父さん
三重県上野西小五年　塚原彩

さそり座の尾の一げきに流れ星
北海道共和中二年　村上克美

さんかん日うしろにかあさんいいにおい
広島県中筋小一年　すぎおかしんぺい

でかせぎに父いく日には本高く読み
青森県鶴田小三年　安田宏光

麦の秋家中まどを開けて留守
福島県磐梯小六年　田中正範

あじさいの庭まで泣きにいきました
山口県中村小六年　惣田美由紀

ふくらんだカーテンの中夏たまる
東京都足立十四中二年　吉野輝彦

たけのこよぼくもギブスがとれるんだ
長野県・小二年　畑上洋平

君のきれいな目から／ひとつぶひとつぶ／真珠が落ちる
メキシコ・男・10歳

秋風がそっと／雁をせき立て／巣へもどらせている
フランス・女・12歳

先生がたいいんしたよとんぼさん
小一年　くまがいえりか

赤ちゃんがよくわらうなあ春の風
小三年　吉本広美

母の日です茶わんあらいをかくれてする　富山県上余川小四年　小山幸枝

かいすいよくすなやまかいがらすいかわり　群馬県川内南小一年　なぐもなづき

あかとんぼみていてぼくもかるくなる　福島県一箕小一年　ふるかわまさひで

きょうかしょもノートもみんな二年生　福島県城西小二年　さとうみどり

さんまやくにおいがするよかくれんぼ　福島県高田小三年　坂井学

水仙のラッパの中から春が来る　愛知県安城中部小五年　山崎裕代

かぐや姫が来そうな満月本を読む　秋田県土崎南小六年　宇佐美律子

おりがみさんいまペンギンにしてあげる　岐阜県静里小二年　木村しんすけ

母の歌せんたく物もすぐかわく　埼玉県金杉小六年　斉藤達也

菜の花にふれて黄色になるちょうちょ　山形県寒河江学園三年　後藤めぐみ

くちげんかさるびあにあめふってくる　福島県謹教小一年　おのこういち

立秋や鞄の鈴がよくひびく　東京都足立九中三年　村山智恵子

好きな人母にも秘密水中花　兵庫県西脇南中二年　中村香織

◉著者が授業を行なった東京都西町小六年、大阪教育大学附属天王寺小六年、山口県神田小六年、千葉県幕張東小五年、埼玉県松伏第二小五年、同清門小六年、同久喜小六年の子どもたちの作品は、とくに一覧掲載をしなかった。

［著者紹介］

青木幹勇（あおき・みきゆう）

一九〇八年、高知県に生まれる。二〇〇一年十二月没。

宮崎県師範学校専攻科卒業。同附属小学校をへて、東京高等師範学校、東京教育大学（現・筑波大学）の附属小学校にて長く教鞭をとる。

一九五三年より二十五年にわたり、NHK「ラジオ国語教室」放送を担当。

月刊誌『国語教室』編集・発行責任者、授業研究サークル「青玄会」代表をつとめる。

著書に『青木幹勇授業技術集成』全五巻（明治図書）、『子どもが甦る詩と作文』『生きている授業　死んだ授業』『第三の書く』『授業・詩「花いろいろ」』『授業・詩を書く「風をつかまえて」』（以上、国土社）ほか多数。

作句歴としては、臼田亜浪、田川飛旅子に師事したのち、無果花句会に所属し、同会を主宰。句集に『露』『風船』『滑走路』『牛込界隈』がある。

「ひと」BOOKS

授業　俳句を読む、俳句を作る

二〇一一年六月十日　初版印刷

二〇一一年六月二十日　初版発行

著者……………青木幹勇

ブックデザイン………佐藤篤司

発行所……………株式会社太郎次郎社エディタス

東京都文京区本郷四–三–四–三階　〒一一三–〇〇三三

電話　〇三–三八一五–〇六〇五

FAX　〇三–三八一五–〇六九八

http://www.tarojiro.co.jp/

電子メール　tarojiro@tarojiro.co.jp

印刷・製本…………厚徳社

定価……………カバーに表示してあります

ISBN978-4-8118-0746-1　C0037

「ひと」BOOKSシリーズ発刊にあたって

「知」の年輪を育てよう

いま、学校に若い教師が増えてきました。団塊の世代が退職期を迎えて、世代交代が進みつつあります。さらに安上がりな教育行政の影響で、臨時的任用や非常勤採用などの非正規雇用の教師も大幅に増えています。

また教師たちには、計画書や報告書の作成などのいわゆる雑務が増加し、教材研究の時間や、子どもとふれあう時間も十分確保できない状況が現出しています。そのうえ学校には職階性がもちこまれ、強化されました。その結果、先生たちの連帯の力が削がれ、授業づくりにおたがいの知恵をだしあう同僚性も失われてきています。

また、文部科学省は、全国統一テストによる各県の順位を公表しました。その影響で、多くの県で順位を上げろという声が強まりました。その後、統一テストが任意参加になったにもかかわらず、参加表明する市町村があいついでいます。教師たちは、成績を上げるよう努力をさらに求められ、いままで以上に暗記と習熟に専念するよう、駆りたてられてもいます。

一方、子どもたちには「ゆとり教育」の反動から、学習時間の増加が図られ、学校での生活も長時間になりました。

心ある教師が、東アジア型教育を乗り越えようと、対話を重視したグループでの学びあいに取り組む姿が、全国教育研究集会で報告されました。しかし全国的には、黒板に向かっての暗記と習熟型の東アジア型教育が支配的で、そこからの脱皮には課題が山積しています。

いま子どもたちに必要なのは、受動的に与えられたことを覚える「勉強」から脱して、知的好奇心をもって活動的な「学び」を実現することではないでしょうか。

『ひと』誌は、一九七三年の創刊から、学ぶ者の視座にたって教育を考えるオールタナティブな実践を生みだす努力を続けてきました。『ひと』誌に多くの先進的な授業実践者が集い、授業を発表してきました。

『ひと』誌は一貫して、学校や教育の閉塞にたいして、人間・社会・市民の常識にもとづいて新鮮な空気をおくりつづけてきました。

そこで蓄えた授業の知的エネルギーを、いまこそ、混迷を深める教師たちに、社会や市民にも、手渡す必要があると感じます。

『ひと』誌で活躍した教師たちの授業を「ひと」BOOKS・シリーズとして刊行し、子どもたちの学びをより豊かにしていくための一助となるようにしたいと考えています。

木々は寒さや暑さに耐え、年輪を刻みながら成長し、やがて巨木に育ちます。

教師も、子どもたちも、わくわくするような「知」の授業体験を積み重ねて、「知の年輪」を増やし、大きな巨木に育ってほしいと願っています。

このシリーズが、そのお役に立てることを祈念します。

「ひと」BOOKS編集委員会

【書籍案内】

＊―定価は税別です。

「ひと」BOOKS・好評既刊

はじまりをたどる「歴史」の授業

千葉保・著　音楽室・理科室・家庭科室・図書室。最初にできた特別教室は？　校舎の移り変わりをたどっていくと、隠れた歴史がみえてくる！　身近な特別教室から南太平洋ヤップ島の石貨まで、教科書の叙述から一歩ぬけだし、歴史の楽しさをダイナミックに感じる六つの授業。

A5判並製・一四四ページ・一八〇〇円

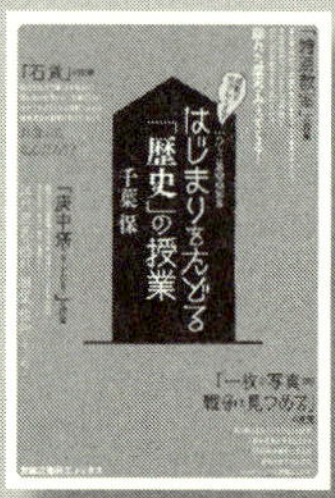

食からみえる「現代」の授業

千葉保・著　豚は、食べられるために生まれてくるの？　子豚たちのかわいい写真で幕を開けた授業は急展開。「いのち」を食べることの意味って？　豚肉、コンビニ弁当、マクドナルド、ペットボトル水……見なれたモノに「現代」がつまっている！　驚きの連続に、学びが弾む授業集。

A5判並製・一六〇ページ・一八〇〇円

中学生のことばの授業　詩・短歌・俳句を作る、読む

近藤真・著　『サラダ記念日』への返歌を詠んで俵万智と恋をする、森のなかの木に向かって谷川俊太郎の『き』を呼びかける……。教室が文学のことばで満たされるとき、生徒はそれぞれに自分の光を明滅させる。みずみずしい生徒作品と珠玉の授業実践を収録。

四六判並製・二八八ページ・二二〇〇円

絵で読む漢字のなりたち　白川静文字学への扉

金子都美絵・作／白川静・文字解説　古代の世界観を映す漢字のなりたちが、絵でわかる本。色鮮やかに描きだされた切り絵調の絵と、白川静氏『常用字解』による文字解説。一二五文字のなりたちが物語のように展開し、漢字の形に秘められた意外な意味に驚く。見て、読んで、何度でも楽しめる一冊。

四六判並製・一二八ページ・一三五〇円